Filipenses - Gozo en Acción - Devocioonal

Pastor Frank e
Samuel Gervasi

MIDWEST CHRISTIAN PUBLISHING

ISBN: 979-8-9985125-0-6

En dedicatoria: Escrito y dedicado a Sarah, Samuel y Leah Gervasi. Los mejores hijos con los que Dios podría haberme bendecido. Estoy muy orgullosa de ellos por su fe, apoyo a mi ministerio y compromiso de vivir su fe en la vida. Y un agradecimiento especial al coautor Samuel, mi mano derecha que es una ayuda para mi ministerio todos los días y un verdadero pastor en ciernes....

Número de control de la Biblioteca del Congreso: 2025908485

Introducción:

La iglesia de Filipos se inició durante el tercer viaje misionero del apóstol Pablo, alrededor del año 50 o 51 d.C. Definitivamente no eran una iglesia perfecta, pero estaba cerca de su corazón.

El apóstol Pablo lo había comenzado con algunos de sus amigos, por lo que se preocupaba profundamente por ellos. La carta en sí se conoce como una de las Epístolas de la Prisión. Sin embargo, incluso en estas circunstancias permaneció alegre y contento. Dándonos hoy, miles de años después, un plan para la vida correcta.

Nuestra esperanza y oración es que profundice fielmente en las próximas 30 reflexiones mientras examinamos, aplicamos y crecemos en fe y gozo en:

Filipenses-Gozo en Acción Devocional.

Filipenses-Gozo en Acción Devocional
Por el pastor Frank y Samuel Gervasi
Tabla de contenidos

#1 - El Fruto del Agradecimiento
Leer: *Filipenses 1:3-11*

"... para que podáis discernir lo que es mejor, y sed puros e irreprensibles para el día de Cristo, llenos del fruto de justicia que viene por medio de Jesucristo, para gloria y alabanza de Dios". **Filipenses 1:10-11, NVI**

La popularidad y disponibilidad de fruta fresca en la vida cotidiana ha aumentado drásticamente en los últimos 50 años. Este inventario ampliado (9,000 artículos en la década de 1970 a casi 50,000 artículos en la actualidad) significa una gama mucho más diversa y vibrante de frutas y verduras para elegir. Sin embargo, algunos ocupan un lugar central, particularmente el plátano, la fruta # 1 más comprada de Estados Unidos. La fruta más querida de Estados Unidos se ganó su primer lugar gracias a la conveniencia que ofrece, así como a su versatilidad. Fácil de guardar en una lonchera o en el fondo de una mochila, el plátano es un gran refrigerio para disfrutar sobre la marcha. Los plátanos también son bien conocidos por sus altos niveles de triptófano, un químico que mejora el estado de ánimo, lo que los convierte literalmente en una buena fruta. Después de los plátanos en la parte superior, las manzanas, las fresas y las uvas ocuparon el 2º, 3º y 4º lugar más comprados (respectivamente). 1

Cada uno de nosotros está cultivando fruta de algún tipo, aunque no del tipo que se puede comprar en el supermercado. Todos producimos frutos espirituales. Y como veremos en nuestra devoción de hoy, una vida de alegría agradecida puede tener un gran impacto en el tipo de fruta que producimos.

Gran idea: Un espíritu agradecido produce frutos espirituales en nosotros que glorifican a Dios.

Esta iglesia en Filipos, a la que el apóstol Pablo se dirige en estos versículos, conocía bien a Pablo, y viceversa. Es por eso que Paul estaba tan agradecido por ellos y quería lo mejor para ellos. Los versículos 10 y 11 nos dicen específicamente lo que desea para este grupo de creyentes: *"... para que podáis discernir lo que es mejor, y sed puros e irreprensibles para el día de Cristo, llenos del fruto de justicia que viene por medio de Jesucristo, para gloria y alabanza de Dios".* (NVI)

La iglesia de Filipos ya había estado viviendo su fe de una manera que se notaba en la producción de fruto. Pablo los consideraba sus *"socios... en el Evangelio"* (v. 5) y que *"compartieron con [él] la gracia de Dios"* (v. 7).

Pero Pablo también deseaba que crecieran, arraigados en este mismo sentido de alegría contagiosa e invencible que él mismo tenía. Deseaba específicamente que: *"... Vuestro amor abunde cada vez más en conocimiento y profundidad de perspicacia..."* (v. 9)

Perspicacia: Cuando la iglesia está arraigada en Cristo y vive con mentalidades agradecidas y alegres, Dios siempre obtendrá la gloria.

Ahora, algunos pueden decir que el *"fruto de justicia"* en nuestro pasaje está hablando de que somos justificados posicionalmente a través de la salvación, debido a la frase *"por medio de Cristo"*. Sin embargo, es más probable que esté hablando del fruto del crecimiento espiritual producido por estar cimentado en Cristo.

Finalmente, observe el final del versículo 11: *"... para gloria y alabanza de Dios"*. La vida de rendición gozosa y obediencia a Dios de los filipenses le dio el honor que merecía. Hagamos lo mismo, eligiendo cultivar una mentalidad de alegría, que conduzca al crecimiento espiritual, para la gloria y alabanza de Dios.

Desafío: ¿Dónde estoy encontrando mi alegría? ¿Estoy creciendo en mi caminar con Jesús?

Orar: Pedirle a Dios que me ayude a disfrutar de Él y hacer de mi vida una ofrenda de adoración...

Profundizando:

¿Cuál es el significado de los _"frutos de justicia"_ en nuestro pasaje? En el Comentario de Matthew Henry sobre toda la Biblia,

Henry arroja algo de luz sobre qué son estas frutas y cómo podemos adquirirlas.

"Estos versículos contienen las oraciones que [Pablo] hizo por ellos. Pablo a menudo les hacía saber a sus amigos qué era lo que le rogaba a Dios por ellos, para que supieran qué rogar por sí mismos y ser dirigidos en sus propias oraciones... Rezó... [e]l cual podría ser un pueblo fructífero y útil... Los frutos de la justicia son la evidencia y los efectos de nuestra santificación, los deberes de santidad que brotan de un corazón renovado... Observad que los que hacen mucho bien deben esforzarse por hacer más. Los frutos de la justicia, producidos para la gloria de Dios y la edificación de su iglesia, realmente deberían llenarnos y llevarnos por completo. No temáis ser vaciados produciendo los frutos de la justicia, porque seréis llenos de ellos. Estos frutos son por Jesucristo, por su fuerza y gracia, porque sin él no podemos hacer nada". **2**

Devoción escrita por el pastor Frank y Samuel Gervasi

---

1. Adaptado de _¿Cuál es la fruta más consumida en los EE. UU.?_, consultado en
https://www.buffalomarket.com/blogs/news/
fruta-consumida-más-común-en-los-
EE.UU.#:~:text=Plátanos.%20las%20mejores%20frutas%20de%20de%20América%20ganadas%20sus%20top,con
centrado%20de%20fructosa%20natural%20y%20energía%20rápida%2Dliberación%20., el 26/12/2024.

2. _Comentario de Matthew Henry sobre toda la Biblia_, dominio público, consultado en Bible Gateway Plus, el 26/12/2024.

Filipenses-Gozo en Acción Devocional

#2 - Un Plan Detrás de la Nube
Leer: *Filipenses 1:12-14*

———————————

"... De la misma manera, el evangelio está dando fruto y creciendo en todo el mundo, tal como lo ha estado haciendo entre ustedes desde el día en que lo escucharon y entendieron verdaderamente la gracia de Dios".
Colosenses 1:6b, NVI

———————————

El presentador de noticias Paul Harvey cuenta una historia del cuidado providencial de Dios sobre miles de prisioneros aliados durante la Segunda Guerra Mundial. Uno de los bombarderos B-29 de Estados Unidos despegó de la isla de Guam con los ojos puestos en un objetivo en Kokura, Japón. Sin embargo, debido a que las nubes cubrían el área objetivo, la aeronave dio vueltas durante casi una hora hasta que su suministro de combustible alcanzó el punto de peligro. El capitán y su tripulación finalmente decidieron que era mejor ir tras el objetivo secundario. Al cambiar de rumbo, descubrieron que el cielo estaba despejado, dejaron caer su carga útil y se dirigieron a la base de operaciones. Algún tiempo después, un oficial recibió información sorprendente de la inteligencia militar.

Justo una semana antes de la misión de los pilotos, los japoneses habían transferido una de sus mayores concentraciones de estadounidenses capturados a la ciudad de Kokura, ¡el objetivo original del bombardero! Al leer esto, el oficial exclamó: *"¡Gracias a Dios por esa nube protectora! Si la ciudad no hubiera estado oculta del bombardero, habría sido destruida".* 1

Esa espesa nube sobre Kokura, Japón, fue sin duda un obstáculo sorprendente e inoportuno para los pilotos, pero gracias a ella, se salvaron muchas vidas. Nosotros también encontramos obstáculos y dificultades en la vida, pero como veremos en nuestra devoción hoy, Dios puede usar esas dificultades para darnos la oportunidad de cambiar vidas.

———————————

Filipenses-Gozo en Acción Devocional

Gran idea: Nuestras dificultades pueden darnos la oportunidad de avanzar en el Evangelio.

En el momento de escribir esta carta, el apóstol Pablo no podía salir a las calles o a las casas de las personas para hablarles de Jesús. Pablo escribió el libro de Filipenses desde la prisión.

Sin embargo, en lugar de obstaculizar el avance de las Buenas Nuevas, este desarrollo solo estaba trabajando para ayudar, como nos dice Pablo en el versículo 12: *"Ahora bien, hermanos, quiero que sepan, hermanos, que lo que me ha sucedido en realidad ha servido para hacer avanzar el evangelio".* (NVI)

¿Cómo fue exactamente útil el encarcelamiento de Pablo? Bueno, por un lado, el versículo 13 menciona la *"guardia de palacio completa",* que probablemente consistía en unos pocos miles de soldados. Pablo tuvo la oportunidad de hablar con los guardias que lo vigilaban acerca de Cristo, y es posible que ya haya tenido alguna experiencia con ellos cuando perseguía a la iglesia. Se corrió la voz, y pronto todas las tropas supieron de la fe de Pablo en Jesús.

Perspicacia: Debido a que las dificultades pueden llevar a compartir el Evangelio, no debemos sorprendernos, sino ser prácticos y dispuestos.

Además, Hechos 28:30 (que describe el encarcelamiento de Pablo) dice que Pablo *"... dio la bienvenida a todos los que vinieron a verlo".* Durante el tiempo de su encarcelamiento, Paul estuvo bajo arresto domiciliario. Esto significaba que Pablo no podía salir, pero otros podían venir a él. Y Pablo aprovechó estas oportunidades para difundir el Evangelio.

Cualquiera que sea la dificultad que enfrentemos hoy, ya sea estrés en el trabajo, una enfermedad o dolencia, un problema con una factura o cualquier otra cosa, ¡Dios podría estar dándole la oportunidad de promover las Buenas Nuevas!

Desafío: ¿Qué oportunidades tengo para hacer avanzar el Evangelio hoy?

Filipenses-Gozo en Acción Devocional

Orar: Pedirle a Dios que use mi vida para difundir Su fama y gloria a todos los que me rodean...

Profundizando:

¿Qué significa que el encarcelamiento de Pablo hizo que sus compañeros creyentes " *confiaran en el Señor"* (v. 14)? Las Notas de la Biblia de Estudio de la Búsqueda de la NVI ofrecen su interpretación y, al hacerlo, nos animan a ser audaces también:

"El coraje puede ser contagioso. El mundo de la iglesia primitiva no siempre fue amigable con el evangelio. Pero incluso durante grandes dificultades, Pablo ignoró las posibles consecuencias negativas y compartió el mensaje de todos modos. Su ejemplo desafió a otros creyentes a ser igual de audaces en la proclamación del evangelio". 2

Devoción escrita por el pastor Frank y Samuel Gervasi

---

1. Adaptado de una historia contada por John Nelson Darby, a la que se accedió en https://www.sermonillus trations.com/a-z/g/god_sovereignty.htm, el 1/02/2024.
2. *NIV Quest Study Bible Notes*, Copyright © 1994, 2003, 2011 por Zondervan, consultado en Bible Gateway Plus, el 1/02/2024.

#3 - Los Motivos Importan
Leer: *Filipenses 1:15-18*

"¿Pero qué importa? Lo importante es que en todos los sentidos, ya sea por motivos falsos o verdaderos, se predique a Cristo. Y por eso, me regocijo. Sí, y seguiré regocijándome..." **Filipenses 1:18, NVI**

"En la iglesia del pueblo en Kalonovka, Rusia, la asistencia a la escuela dominical aumentó después de que el sacerdote comenzara a repartir dulces a los niños campesinos. Uno de los más fieles fue un niño de nariz aguileña que recitó sus Escrituras con la piedad adecuada, se embolsó su recompensa y luego huyó a los campos para masticarla. Pero al sacerdote le gustó el niño y lo convenció de que asistiera a la escuela de la iglesia. Al ofrecer otros incentivos, el sacerdote logró enseñarle al niño los cuatro Evangelios. De hecho, ganó un premio especial por aprender los cuatro de memoria y recitarlos sin parar en la iglesia. 60 años después, al joven todavía le gusta recitar las Escrituras, pero en un contexto que horrorizaría a su viejo sacerdote. El alumno premiado, que memorizó gran parte de la Biblia, fue Nikita Khrushchev, el ex zar comunista. El mismo Nikita Jruschov que pronunció ágilmente la Palabra de Dios cuando era niño, más tarde declaró que Dios no existía porque sus cosmonautas no lo habían visto. Parece que el "por qué" detrás de la memorización es tan importante como el "qué"; la motivación artificial producirá resultados artificiales". [1]

Las intenciones detrás de por qué hacemos lo correcto le importan a Dios. Y como veremos en nuestro devocional de hoy, debemos tener los motivos apropiados cuando les contamos a otros acerca de Jesús.

Gran idea: Nuestros motivos para compartir el Evangelio son importantes, por lo que debemos analizar cuáles son nuestras intenciones.

En nuestro pasaje, el apóstol Pablo enumera dos motivaciones contrastantes detrás de por qué los creyentes en la iglesia de Filipos estaban predicando el Evangelio.

Algunos "... predicó a Cristo por envidia y rivalidad..." (v. 15, NVI) Les contaron a otros sobre las Buenas Nuevas porque Pablo estaba recibiendo reconocimiento por sus esfuerzos y querían ser mejores que él, ser competitivos.

Sin embargo, además de estos evangelistas egoístas, había un grupo de personas que les hablaban a otros de Jesús "por buena voluntad" (v. 15). La frase "por buena voluntad" lleva consigo la idea de estar arraigado en el amor. Estos creyentes compartieron su fe como un desbordamiento de amor hacia Dios por lo que se les había dado en Cristo.

Perspicacia: Nuestra motivación para compartir el Evangelio no debe ser promover nuestro propio nombre o reputación, sino la gloria del nombre de Jesús, por gratitud por todo lo que Él ha hecho en nuestras vidas.

Por último, el apóstol Pablo mira la situación de la iglesia de Filipos desde otro ángulo. Aunque algunos predicaban el Evangelio con motivos impuros, el nombre de Jesús seguía avanzando rápida y poderosamente, ¡y Pablo se regocijaba en él!

El versículo 18 dice: "Y ¿qué importa? Lo importante es que en todos los sentidos, ya sea por motivos falsos o verdaderos, se predique a Cristo. Y por eso, me regocijo. Sí, y seguiré regocijándome..."

Debido a que Dios es soberano y tiene el control, puede usar incluso nuestros malos motivos para lograr Sus propósitos. Pero si hemos experimentado la bondad y la gracia de Dios, ¿cómo podríamos seguir compartiendo nuestra fe por las razones equivocadas? Nuestros motivos le importan a Dios; Tengamos los adecuados cuando compartimos nuestra fe.

Desafío: ¿Qué intenciones tengo normalmente cuando comparto el Evangelio? ¿Lo estoy haciendo por gratitud u otros motivos impropios?

Ora: Pidiéndole a Dios que me ayude a difundir el Evangelio con intenciones puras y el poder de Su Espíritu Santo...

Profundizando:

La Biblia de Estudio de la Gracia y la Verdad de la NVI señala esto sobre Filipenses 1:15-18a:

"En el alentador informe de Pablo sobre los cristianos envalentonados por su cautiverio para hablar el evangelio, el apóstol inserta una advertencia sorprendente: algunos predican a Cristo como competidores de Pablo, imaginando que su éxito lo frustrará, haciendo que sus cadenas se irriten, por así decirlo. Pablo describe sus motivos como envidia, rivalidad y ambición egoísta, anticipando la precaución que registrará contra las actitudes egocéntricas y competitivas que podrían poner en peligro la solidaridad de los filipenses entre sí (2:1-4). Pablo se opuso ferozmente a los maestros cristianos rivales cuando distorsionaron el evangelio de la gracia de Dios en un mensaje diferente que no merecía ser llamado buenas nuevas (Gálatas 1:6-9; 5:7-12; 6:12-13) o si su carácter contradecía la pureza de Cristo (Filipenses 3:18-19; 2 Corintios 11:1-15). Pablo se regocija fácilmente en el éxito evangelístico de sus rivales en Roma, por lo que concluimos que, a pesar de sus motivos indignos, su mensaje fue fiel a Cristo y su gracia. Por lo tanto, contrariamente a lo que esperaban, Pablo encuentra razones para regocijarse cuando su proclamación de Cristo da fruto en vidas cambiadas. Por lo tanto, Pablo marca el ritmo para los filipenses en el compromiso desinteresado con la gloria de Cristo, no con la propia reputación. Como lo hace en otros lugares, Pablo caracteriza el evangelio como predicando a Cristo, porque el Hijo divino que se hizo humano y su logro redentor son el mensaje que trae salvación (Ro 1:2-4; 1 Corintios 1:23-24,30; 2:2-4; Col 1:28)". 2

Devoción escrita por el pastor Frank y Samuel Gervasi

_____

1. Adaptado de una historia contada por Parade Magazine 1962, consultada el https://www.sermonillustrations.com/a-z/m/motivation.htm, el 1/05/2024.

2. Biblia de estudio NIV Grace and Truth, Copyright © 2021 por Zondervan, todos los derechos reservados, según se accede en Bible Gateway Plus, el 1/05/2024.

#4 - Prioridades Eternas
Leer: *Filipenses 1:19-24*

"Porque para mí, vivir es Cristo y morir es ganancia".
Filipenses 1:21, NVI

"En los últimos *años hubo un entrenador de* fútbol que *se divorció de su esposa de 26 años cuando dejó* las filas universitarias *para convertirse en entrenador en jefe de la Liga Nacional de Fútbol Americano. Dijo que* necesitaba *una esposa mientras entrenaba a nivel universitario para funciones sociales y para mostrar a las familias que cuidaría de sus hijos. En el fútbol profesional,* sin embargo, *era una responsabilidad innecesaria y una distracción para ganar. Dijo que ganar fútbol era su prioridad número uno y sus dos hijos la segunda;* simplemente tenía que ser cortada. *En contraste con esto, Tom Landry, ex entrenador de los Dallas Cowboys, dijo: "La emoción de conocer a Jesús es lo más grande que me ha pasado... Creo que Dios me ha puesto en un lugar muy especial, y espera que lo use para Su gloria en todo lo que hago... ya sea entrenando fútbol o hablando con la prensa, siempre soy cristiano... Cristo es lo primero, la familia lo segundo y el fútbol lo tercero".* 1

(Adaptado de una historia contada por un autor desconocido, al que se accede en https://www.sermonillustrations.com/a-z/p/priorities.htm, el 09/01/2024)

Estos dos entrenadores obviamente tenían filosofías muy diferentes en lo que respecta a lo que priorizaban. Del mismo modo, todos debemos elegir lo que es más importante para nosotros. Y como veremos en nuestro devocional de hoy, nuestro Padre Celestial merece ser la primera prioridad en la vida de cada uno de Sus hijos.

Gran idea: Vivir nuestra fe y promover el Evangelio debe ser nuestra máxima prioridad.

_____

En nuestro pasaje, el apóstol Pablo reconoció que su encarcelamiento podría conducir a su muerte o a su liberación. Y, sin embargo, Pablo confiaba en que cualquiera que fuera el resultado que llegara a buen término, Cristo sería glorificado.

Los versículos 21 y 22a dicen: *"Porque para mí, el vivir es Cristo, y el morir es ganancia. Si voy a seguir viviendo en el cuerpo, esto significará un trabajo fructífero para mí".* (NVI)

Pablo sabía bien que cuando muriera experimentaría inmediatamente la culminación de todo lo que había esperado: estar en la presencia física de su Salvador. Sin embargo, si fuera la voluntad de Dios que él permaneciera en la tierra,
le correspondería a Pablo avanzar en el Evangelio. Lo que implica que si somos creyentes que vivimos en la tierra, nuestro objetivo debe ser avanzar en el mensaje del Evangelio de la misma manera.

_____

Perspicacia: Todos los creyentes deben priorizar compartir la fe y hacer la voluntad de Dios como lo más importante en sus vidas.

_____

Avanzar en el Evangelio no siempre se ve como guiar a alguien a la salvación o invitarlo a la iglesia. A veces, el avance del Evangelio toma la forma de satisfacer las necesidades físicas de las personas, o tratar a los demás con gentileza y compasión, sin dejar de ser siempre *"... preparado para dar respuesta a todo el que te pida que des la razón de la esperanza que tienes".* (1 Pedro 3:15a)

Charles Spurgeon dijo una vez esto: *"Un cristiano... brillar de tal manera en su vida, que una persona no podría pasar una semana sin conocer el Evangelio".*

Que hagamos del avance del mensaje del Evangelio de Cristo una prioridad en nuestras vidas, ¡hoy y siempre!

_____

Desafío: ¿Qué cosas tiendo a dar mayor prioridad de la que debería? ¿Qué tan importante es promover el Evangelio en mis prioridades?

Orar: Pedirle a Dios que me ayude a vivir mi fe para que otros lo vean a través de mis acciones...

Profundizando:

¿Cómo podía Pablo estar tan alegre que ni siquiera le importaba si vivía o moría? En el Comentario de la aplicación de la NVI, Frank Thielman nos lo explica y, al hacerlo, nos anima a apoyarnos en el poder y la presencia de Dios para ayudarnos a ver las cosas a través de una perspectiva tan alucinante:

*"Pablo explica más plenamente la razón de esta notable indiferencia hacia su destino físico en la segunda parte del pasaje... El relato de Pablo de sus circunstancias antes del versículo 21 y su perspectiva sobre el futuro después de este versículo demuestran lo que significa su estrecha relación con Cristo en términos prácticos. Antes del versículo 21, incluso el encarcelamiento por parte de las autoridades incrédulas y la mala voluntad de los compañeros creyentes no podían amortiguar el carácter gozoso de la vida de Pablo, porque Dios estaba avanzando el evangelio de Jesucristo a través de estas dificultades (1:12-18a). Después del versículo 21, Pablo mira hacia adelante y comenta que la muerte es ganancia, porque significará la unión más cercana posible con Cristo. De la misma manera, la vida continua es un trabajo fructífero porque significa que Pablo podrá predicar el evangelio (1:7) y fortalecer la fe de los filipenses (1:25). Tal perspectiva sobre las dificultades del presente y las posibilidades del futuro **es posible para Pablo solo porque Cristo vive dentro de él y le da fuerza** (4:13)". 2*

Devoción escrita por el pastor Frank y Samuel Gervasi

---

1. Adaptado de una historia contada por un autor desconocido, consultado el https://www.sermonillustrations.com/a-z/p/priorities.htm, el 1/09/2024.
2. *Comentario de la aplicación de la NVI*, Copyright © 1995 por Frank Thielman., consultado en Bible Gateway Plus, el 1/09/2024.

Filipenses-Gozo en Acción Devocional

#5 - Una Audacia Santa
Leer: *Filipenses 1:19-24*

"Que nunca me gloríe sino en la cruz de nuestro Señor Jesucristo, por la cual el mundo me ha sido crucificado a mí, y yo al mundo".
Gálatas 6:14, NVI

Muchos cristianos tienen miedo de contarles a otros sobre el evangelio por muchas razones. Los miedos abundan, las imágenes de las diversas respuestas de la gente lo dirán, pueden surgir. Sin embargo, Dios nos dice que compartamos el mensaje del Evangelio con otros a nuestro alrededor de manera regular. El *Diccionario de Cambridge* define la audacia así: *"voluntad de asumir riesgos y actuar de manera innovadora; confianza o coraje".* 1

Sin embargo, si uno piensa en ello, Dios no nos deja a nuestro modo cuando la tarea está ante nosotros. Y como veremos en nuestra devoción hoy, la Cruz es donde podemos obtener nuestra confianza, y los derechos de fanfarronear realmente le pertenecen a Él.

Gran idea: Cuando se vive el Evangelio, toda la jactancia debe ser en Cristo

---

Es decir, simplemente, si somos efectivos para llevar a alguien a Cristo. O nunca vemos a alguien abrazar el evangelio y recibir a Cristo. Todavía estamos llamados a ser fieles. Mirando el pasaje de hoy, vemos eso mismo. Y en última instancia, el resultado está en la mano de Dios, de todos modos. Cada vez que compartimos nuestra fe y, cada vez promovemos el Evangelio de Cristo. Por lo tanto, no se desanime ni sienta que está haciendo algo mal. El poder del Espíritu Santo es lo que cambia los corazones de las personas. Porque leemos en el versículo 26: Pausa *"Tu gloria en Cristo Jesús abundará"*.

Ahora, en este caso fue porque el apóstol Pablo se quedó, y se ve un poco orgulloso, porque dice: *"por causa de mí"*. Leí eso y pensé, ¡guau! ¡Está lleno de sí mismo!

Sin embargo, no creo que se estuviera jactando, sino más bien reconociendo que la iglesia no estaba tan establecida y arraigada durante varios años todavía. De hecho, a pesar de que el libro de Filipenses fue escrito en el año 61 d.C. más o menos. La iglesia en Filipos no se estableció hasta su segundo viaje misionero. Haciendo la iglesia en Filipos, de ocho años más o menos. Algunas plantaciones de iglesias se desmoronan mucho después de ese período de tiempo.

En consecuencia, las personas pueden impactar el éxito de una iglesia o no. Pero en última instancia, si Dios ha ordenado que esa iglesia o ministerio prospere y avance, es mejor que sea en Cristo donde se haga la jactancia y la jactancia.

Perspicacia: Cuando se vive el Evangelio, toda jactancia debe estar en Cristo, porque el poder del Evangelio está en la cruz

---

El apóstol Pablo entendió que la crucifixión era donde residía el poder del Evangelio. Piense en lo que dice en la epístola de Gálatas. En el capítulo 6, donde hablaba de poner confianza en la carne y hacer esos rituales externos para satisfacer a Dios de alguna manera. En el versículo 14 dice: *"No me gloríe sino en la cruz de nuestro Señor Jesucristo, por la cual el mundo me ha sido crucificado a mí, y yo al mundo"*. Es decir, solo quería ser conocido por Cristo crucificado. ¡Nada más! ¡Muy sencillo!

Y nada más importa o es más importante que el mensaje del evangelio. O la gente acepta el mensaje, o no lo hace. Nuestro trabajo es ser fieles, especialmente en la forma en que vivimos nuestras vidas para que los demás las vean.

Greg Laurie dice: *"Él no te obligará a compartir tu fe, pero te impulsará. Y cuando das ese paso de fe, Él te empoderará y te usará"*. 2 Seamos fieles y compartamos nuestra fe hoy. Jactarse en la Cruz y dejar los resultados a Dios.

Filipenses-Gozo en Acción Devocional

Desafío: ¿He estado compartiendo mi fe recientemente? ¿Con quién puedo hablar sobre la Cruz de Cristo esta semana?

Orar: Pedirle a Dios que nos ayude a proclamar con valentía nuestra fe para que otros lo vean a través de nuestras vidas...

Profundizando:

El Comentario de Antecedentes Bíblicos de Zondervan habla sobre la liberación de Pablo cuando dice:

"Resultará para mi liberación... y... que de ninguna manera me avergonzaré (1:19-20).
Aunque Pablo no indica en ninguna parte que esté citando las Escrituras cuando usa esta frase, es una cita palabra por palabra de la versión griega de Job 13:16. Job dice que sabe, contrariamente a sus acusadores, que su propia iniquidad no es la causa de su sufrimiento. Utiliza la metáfora de ser juzgado ante Dios y dice que confía en que después de que Dios lo haya interrogado, será salvo. De manera similar, Pablo sabe que cualquiera que sea el resultado de su prueba, cuando esté ante Dios no tendrá motivo de vergüenza, sino que experimentará "salvación" (niv, "liberación")". 3

Devoción escrita por el pastor Frank y Samuel Gervasi

----

1. Diccionario de Cambridge, en https://dictionary.cambridge.org/us/dictionary/english/boldness consultado, el 12/01/2024.
2. *Greg Laurie, Tell Someone: You Can Share the Good News,* https://www.goodreads.com/work/quotes/45656479-tell-someone-you-can-share-the-good-news, consultado el 12/01/2024.
3. *Comentario de los antecedentes bíblicos de Zondervan,* Zondervan 2002, de www.biblegateway.com, consultado el 12/01/2025.

#6 - Ciudadanos Dignos
Leer: *Filipenses 1:27*

"Por lo tanto, ya que estamos rodeados de una nube tan grande de testigos, despojémonos de todo lo que nos estorba y del pecado que tan fácilmente enreda. Y corramos con perseverancia la carrera que nos ha sido señalada..."
Hebreos 12:1, NVI

"*Howard Hendricks* una vez abordó *un vuelo de American Airlines después de un retraso muy largo.* Uno de los compañeros de viaje de Hendricks, *que había bebido demasiado, estaba siendo grosero con los otros pasajeros* y *exigente con los asistentes de vuelo.* Una de las azafatas a bordo trató de calmar al viajero lívido y restaurar el orden en el avión. *Hendricks observó a la azafata tratar a este hombre desagradable con clase, dignidad y profesionalismo. Ella no se inmutó. Howard quedó tan impresionado que caminó hacia la parte trasera del avión* para elogiarla por sus acciones. *Le dijo lo impresionado que estaba* por su respuesta *y que iba a escribir una carta de recomendación a American Airlines. En respuesta, ella dijo: 'Gracias señor, pero no trabajo para American Airlines'. Hendricks estaba* momentáneamente confundida *hasta que* aclaró: *'Trabajo para Jesucristo'*". 1

Esta azafata entendió lo que significaba dejar que su fe brillara a través de sus acciones y vivir con una perspectiva más elevada, y otros lo notaron. Nosotros también hemos sido llamados a vivir de una manera que nos identifique con Cristo, y como veremos en nuestra devoción de hoy, nuestra comprensión de ser ciudadanos del reino de Dios es importante si queremos estar a la altura de nuestro llamado.

Gran idea: Como ciudadanos del cielo, debemos vivir de una manera que muestre a los demás que pertenecemos a Cristo.

En nuestro pasaje de hoy, el apóstol Pablo exhorta a los filipenses no solo a hablar del Evangelio, sino a vivirlo.

La primera parte del versículo 27 dice: _"Suceda lo que suceda, compórtense de una manera digna del evangelio de Cristo"._ (NVI)

Las traducciones más recientes a menudo usarán la frase _"... vivir como un ciudadano del cielo..."_ (NTV), lo que arroja algo de luz sobre este concepto. Cualquier ciudadano tiene beneficios que vienen con ser parte de ese país. Para los ciudadanos del cielo, algunos de esos beneficios incluyen estar protegidos del daño, recibir esperanza a través de las promesas de las Escrituras y la capacidad, en algunas circunstancias, de tomar decisiones y elegir el camino que tomamos.

Perspicacia: Todos los cristianos están en exhibición para que los incrédulos los vean, por lo que debemos comportarnos de una manera que refleje bien quién es Jesús y sirva como ejemplo para emular.

Sin embargo, por mucho que la ciudadanía en el cielo esté llena de bendiciones, también conlleva expectativas. Así como cualquier ciudadano debe estar preparado para defender la ciudadanía, nosotros debemos estar preparados para defender la fe. Así como cada ciudadano debe permanecer leal a su país, nosotros debemos permanecer leales a Dios y no dar por sentadas sus bendiciones. Y así como se espera que cada ciudadano maneje sus libertades adecuadamente, debemos usar nuestra libertad _"... [no] para complacer la carne; más bien, [a] servirse humildemente unos a otros en amor"._ (Gálatas 5:13)

John Piper dijo una vez esto: _"Dios nos creó para esto: para vivir nuestras vidas de una manera que lo haga parecer más a la grandeza, la belleza y el valor infinito que realmente es"._

Seamos intencionales para vivir ese propósito hoy, viviendo de una manera que demuestre que merecemos ser identificados como seguidores de Cristo.

Desafío: ¿En qué áreas represento a Cristo de manera positiva? ¿En qué áreas mi conducta lo representa de manera negativa?

Orar: Pedirle a Dios que me ayude a vivir una vida digna de ser llamada cristiana...

_____

Profundizando:

¿Qué implica vivir "digno del Evangelio"? La Biblia de Estudio Teológico Bíblico NVI expone lo siguiente:

"Pablo explica que esta vida digna consiste en permanecer unidos, negarse a temer a los oponentes y estar dispuestos a sufrir por el evangelio". 2

_____

Devoción escrita por el pastor Frank y Samuel Gervasi

_____

1. Adaptado de una historia contada por Ken Weliever, a la que se accedió el https://thepreachersword.com/2019/09/02/word-of-the-week-work-2/, el 16/01/2025.
2. *Biblia de Estudio Teológico Bíblico NIV,* Copyright © 2019 por Zondervan, consultado en Bible Gateway Plus, el 16/01/2025.

#7 - Una Oposición Esperada
Leer: *Filipenses 1:27b-28*

"No te dejes intimidar de ninguna manera por tus enemigos. Esto será una señal para ellos de que van a ser destruidos, pero de que ustedes van a ser salvos, incluso por Dios mismo". **Filipenses 1:28, NVI**

"A veces, una resistencia inesperada puede detenernos.......No es así siempre cuando comienzas a hacer algo que te entusiasma? ¿Alguna vez has abordado un proyecto de bricolaje? ¿Quizás alguna artesanía...... o proyecto de mejoras para el hogar?...... Pensaste, ¡puedo hacer eso! Reuniste los suministros, reservaste tiempo y comenzaste el proyecto, pero de repente tu trabajo no se parece a la imagen... o... (¡piensa en el programa de televisión Nailed It!), y te desanimas. O tal vez es más difícil de lo que esperabas y comienzas a pensar que has cometido un gran error......" 1

Nosotros también experimentamos oposición con respecto a nuestra fe. La gente a veces nos evitará, querrá discutir e incluso minimizará nuestra fe en Jesucristo. A medida que continuamos en nuestro estudio en el libro de Filipenses este mes, el apóstol Pablo nos recuerda este mismo hecho.

Gran idea: No te sorprendas cuando otros se opongan a ti por tu fe.

En nuestro pasaje de hoy, el apóstol Pablo les recuerda a los filipenses que no se sorprendan cuando otros se opongan a ellos por ser seguidores de Cristo. Implicando algo muy importante, que la gente se opondrá a nosotros, a veces, nos

Filipenses-Gozo en Acción Devocional

guste o no. Es un hecho que sucederá en un momento u otro. Por lo tanto, no deberíamos alarmarnos cuando lo hace porque no está fuera de la norma. Mira de nuevo el versículo 28: "Sin ser asustado de ninguna manera por los que se oponen a ti".

Ahora, podría ser útil pensar en esto en el contexto del lenguaje utilizado. Observe lo que el apóstol Pablo no dijo. No dijo: si te opones, no te asustes. No dijo, en caso de que te opongas, que no te asustes. Y no mencionó: -tal vez, te opondrás. Se dio por sentado que iba a suceder en esa iglesia. Lo que también implica que nos sucedería ahora por las mismas razones.

Perspicacia: Debemos perseverar cuando enfrentamos oposición por nuestra fe porque los creyentes antes que nosotros lo hicieron.

Quizás recuerden recientemente que esta no era una iglesia establecida desde hace mucho tiempo. O uno que estuvo arraigado durante años y años. Tenían aproximadamente de seis a 8 años. Así como la primera y única iglesia cristiana en esa área, muy probablemente. Así que entendieron la perseverancia de primera mano en lo que experimentaron al construir esa iglesia.

Pablo también menciona en el v. 27b: "Sabré que estáis unidos con un solo espíritu y un solo propósito, luchando juntos por la fe, que es la Buena Nueva". Por lo tanto, si los creyentes antes que nosotros en la historia de la iglesia enfrentaron dificultades, nosotros también debemos perseverar. Hay muchas formas en que las iglesias se oponen por su fe, tanto entonces en la iglesia de Filipos como ahora. No te sorprendas si te sucede a ti, por tu fe en Cristo. Mantente firme por Cristo.

Charles Spurgeon dijo una vez esto: "Si hay una doctrina, he predicado más que otra, es la doctrina de la perseverancia de los santos, incluso hasta el fin". 2

Mantengámonos firmes por Cristo cuando surja la oposición de quienes nos rodean.

Desafío: ¿Qué oposición he experimentado como cristiano y cómo respondí? ¿De qué manera puedo crecer o mejorar mi respuesta y defender mi fe?

Orar: Pedirle a Dios que me ayude a perseverar cuando otros se oponen por mi fe en Jesucristo...

————————————

Profundizando:

Con respecto al versículo 28, la Biblia de Estudio NVI se expande diciendo lo siguiente:

"Señal 1:28. La oposición persistente a la iglesia y al evangelio es una señal segura de destrucción eventual, ya que implica el rechazo del único camino de salvación. De la misma manera, cuando los cristianos son perseguidos por su fe, esto es una señal de la autenticidad de su salvación (ver 2 Tesalonicenses 1:5 y nota)". **3**

————————————

Devoción escrita por el pastor Frank y Samuel Gervasi

————————————

1. Adaptado de una historia contada en Illustration Ideas, https://illustrationideas.bible/unexpected-resistance//, consultado el 19/01/2025.

2. Charles Spurgeon, https://www.princeofpreachers.org/quotes/category/perseverance-of-the-saints, consultado el 19/01/2025

3. Biblia de estudio NIV, Zondervan Copyright 2011, https://www.biblegateway.com/passage/?search=philippians%201%3A27-28&version=NIV, consultado el 19/1/2025

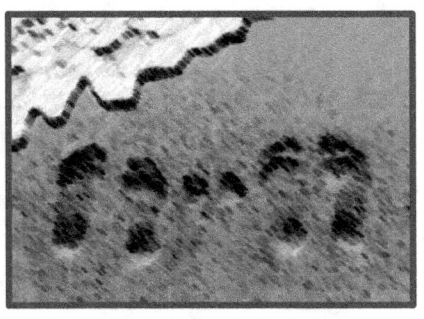

#8 - Tras Las Huellas de los Fieles
Leer: *Filipenses 1:28-29*

«Hermanos míos, consideren que es puro gozo cada vez que enfrenten pruebas de muchas clases, 3 porque saben que la prueba de su fe produce perseverancia». **Santiago 1:2-3, NVI**

"Hay una historia interesante sobre una noche en que el presidente Coolidge tuvo compañía para cenar. Invitó a algunos amigos de Vermont a unirse a él para una comida en la Casa Blanca. Estos visitantes estaban preocupados por sus modales en la mesa, por lo que decidieron hacer todo lo que hizo su anfitrión. Todo fue bien hasta que se sirvió el café. Coolidge vertió el suyo en el platillo. Los invitados hicieron lo mismo. El presidente agregó azúcar y crema. También lo hicieron los visitantes. Entonces Coolidge se inclinó y colocó su platillo en el suelo para el gato". **1**

Cada uno de nosotros camina sobre las huellas de alguien, siguiendo el ejemplo de alguien. Pero, ¿y si seguir los pasos de los héroes de la fe significa sufrimiento, pérdida e incluso muerte? Como veremos a medida que continuemos con nuestro énfasis en Filipenses, a veces el sufrimiento por la fe es inevitable.

Gran idea: Cuando sufrimos por conocer a Cristo, estamos siguiendo el ejemplo bíblico de los que nos precedieron, por lo que no debemos desanimarnos.

En nuestro pasaje de hoy, el apóstol Pablo continúa su discusión sobre los creyentes que sufren por reconocer a Jesús como el Señor de sus vidas. Describe el sufrimiento en un lenguaje que lo hace sonar casi como un regalo de Dios.

El versículo 29 dice: "Porque os ha sido concedido por Cristo, no solo creer en él, sino también sufrir por él". (NVI)

Es cierto que este versículo no va a enganchar fácilmente a las personas para que se conviertan en cristianos. No creo que alguna vez escuchemos esto como un eslogan para ninguna campaña evangelística. Sin embargo, es una realidad que acompaña al seguimiento de Cristo.

Perspicacia: Las personas han sufrido por su fe a lo largo de los años, así que cuando lo hagas, ten el valor de que Dios te ha llamado a atravesarla.

Los apóstoles, los mismos hombres que caminaron y hablaron con Jesús durante su ministerio terrenal, todos tuvieron finales brutales y espantosos, excepto Juan. Pedro fue crucificado boca abajo en Roma. Santiago, el hermano menor de Jesús, fue arrojado desde el pináculo del Templo y golpeado hasta la muerte con un garrote. Bartolomé fue desollado en Armenia. Thomas fue atravesado con una lanza en la India.

Sin embargo, cada uno de estos hombres vivió vidas que dejaron un impacto duradero en el mundo, un legado más valioso y distinguido que cualquier hombre de negocios, político o general militar secular. Cada uno de estos

Los hombres fueron rescatados de la muerte varias veces antes de que llegara su hora de morir. Y cada uno de estos hombres

fueron recibidos en el cielo por Jesús mismo, probablemente saludándolos con las palabras de Mateo 25:21: ""¡Bien, siervo bueno y fiel! Has sido fiel en algunas cosas; Te pondré a cargo de muchas cosas. ¡Ven y comparte la felicidad de tu amo!""" (NVI)

El sufrimiento por Cristo es una realidad de la fe, que todos los creyentes de todas las edades han experimentado. Enfrentémoslo con audacia y coraje y mantengámonos firmes en la verdad de Cristo.

Desafío: ¿De qué manera podría sufrir por ser cristiano? ¿Cómo puedo honrar a Dios con esa situación?

Ora: Agradeciendo a Dios por darme el privilegio de sufrir por Su nombre, y pidiéndole que me dé fuerza y guía para soportarlo bien...

Profundizando:

¿Qué significa bíblicamente la palabra "sufrimiento"? La Enciclopedia de la Biblia enumera múltiples connotaciones de la palabra utilizada a lo largo de las Escrituras, incluyendo la descrita por el apóstol Pablo en nuestro pasaje. Definen este tipo de sufrimiento como sufrimiento testimonial, y dicen lo siguiente al respecto:

"Las personas que eligen vivir para la justicia en un mundo malvado deben esperar sufrimiento también de fuentes externas. El servicio al Salvador va en contra de las aspiraciones de las potencias de este mundo. Los seguidores de Cristo pueden sufrir "por causa de él" (Fil 1:29), "por causa de la justicia" (1 Pedro 3:14), "por el reino de Dios" (2 Tesalonicenses 1:5), "por el evangelio" (2 Timoteo 2:9), por resistir a Satanás (1 Pedro 2:19), "como cristiano" (4:16) y "por el nombre" (Hechos 5:41)... ¿Qué respuesta es apropiada cuando experimentamos el sufrimiento como testimonio de nuestra confianza no hipócrita en el Señor? Recordando el ejemplo de Cristo de perseverancia bajo estrés, seguiremos Sus pasos (1 Pedro 2:21). No hay que olvidar a los héroes de la fe que "sufrieron burlas y azotes, e incluso cadenas y encarcelamientos..." Al igual que Moisés, uno puede considerar que sufrir abuso por Cristo es mayor riqueza que los tesoros de Egipto (11:26). Así los creyentes completarán el sufrimiento necesario para la edificación de la Iglesia (Col 1:24), sabiendo que asegura la gloria futura (1 P 4:13)". 2

Devoción escrita por el pastor Frank y Samuel Gervasi

---

1. Adaptado de una historia a la que se accedió el https://www.sermonillustrations.com/a-z/e/example.htm, el 23/01/2025.

2. Enciclopedia de la Biblia, a la que se accede en Bible Gateway Plus, el 23/01/2025.

#9 - La Recompensa de Dios
Leer: *Filipenses 1:27-30*

"¡Mira, vengo pronto! Mi recompensa está conmigo, y daré a cada uno según lo que haya hecho". **Apocalipsis 22:12, NVI**

El devocional Nuestro Pan Diario habla de un evento: "El 16 de diciembre de 1944, dieciocho miembros de un pelotón de reconocimiento mantuvieron a raya a un batallón de tropas de asalto alemanas en la aldea belga de Lanzerath. Pocos libros de historia señalan que su valiente posición dio tiempo a las fuerzas aliadas para comenzar a montar la defensa que finalmente ganó la famosa Batalla de las Ardenas. Uno de los miembros del pelotón era Will James, quien después de la guerra cayó en el olvido durante casi 4 décadas. Durante ese tiempo se sometió a numerosas cirugías dolorosas como resultado de sus heridas en la guerra. No fue sino hasta 1981, gracias a los esfuerzos del presidente de la Cámara de Representantes de los Estados Unidos, Thomas P. O'Neill, y del columnista Jack Anderson, que se le concedió, póstumamente, la Cruz de Servicio Distinguido por su extraordinario heroísmo. [1]

A la mayoría de las personas les gusta recibir recompensas por un trabajo bien hecho o por trabajar duro en algo. Y, cuando hablamos de asuntos de fe, es de la misma manera. Porque queremos ser recompensados de alguna manera por Dios, que no hemos sufrido ni perseverado por nada. Sin embargo, Dios obra en Su propio tiempo y la forma en que Él se siente es la mejor.

Filipenses-Gozo en Acción Devocional

Gran idea: La recompensa de nuestra fidelidad para vivir la vida cristiana vendrá de Dios.

En nuestro pasaje de hoy, el apóstol Pablo continúa su discusión sobre los creyentes y el sufrimiento, pero también sobre que los creyentes serán bendecidos por Dios mismo. Si lo piensas en cualquier momento, hacemos cualquier cosa por Dios, siempre habrá una recompensa de algún tipo u otro. Y en este caso, podrían ser un par de posibilidades diferentes con respecto al sufrimiento por su fe. Sin embargo, Dios era el que iba a bendecir a los filipenses.

Dice en el versículo 28b: "Esta es una señal para ellos de que serán destruidos, pero de que vosotros seréis salvos, y esto por Dios". (NVI). La palabra "salvación", tal como se usa aquí, no necesariamente habla de rescatados del reino de las tinieblas, sino que puede estar más en el sentido general de la salvación. La Biblia Interlineal define la palabra como: "liberación, preservación, seguridad". **2**

Entonces, tal vez hablando de ser rescatados de las dificultades que estaban experimentando. Sin embargo, también implica que Dios fue el que trajo la recompensa, incluso si eso significaba que la bendición estaba siendo rescatada.

Perspicacia: La recompensa de Dios puede no ser como pensamos o inmediatamente, sin embargo, vendrá a su debido tiempo.

A todos nos gusta recibir regalos y recompensas por la fidelidad en algunas áreas. Sin embargo, cuando se trata de Dios, puede ser en una temporada futura. Sin embargo, siempre llegará y de formas no planificadas. A veces nos gusta dictar cómo Dios nos bendecirá, pero Sus caminos están más allá de nosotros y de nuestras formas de pensar.

La recompensa también puede ser simplemente experimentar la salvación completa en un momento futuro, cuando lo veremos cara a cara. Perseveremos en hacer todas las cosas para Cristo, independientemente de lo que sea.

Agustín dijo una vez: "Nuestras recompensas en el cielo son el resultado de la coronación de Dios de sus propios dones". **3** La recompensa llegará en el momento oportuno y de la manera correcta.

Filipenses-Gozo en Acción Devocional

Desafío: ¿De qué manera puedo ser fiel en la vida cristiana? ¿Qué tiene Dios reservado para mí?

Orar: Agradeciendo a Dios por bendecirnos en el momento adecuado y como Él lo considere oportuno...

_____

Profundizando:

¿Qué aporta la idea de compartir nuestra fe? La Biblia de Estudio de Tony Evans de CSB enumera compartir nuestra fe como el honor más importante que un creyente puede tener. Dice:

"1:28 El valor es crucial para nuestro testimonio del evangelio. Dios, el Rey soberano, puede envalentonar los corazones desfallecientes y erradicar las piedras de tropiezo. No se asuste por los oponentes de las buenas nuevas... en....
1:29 El sufrimiento puede parecer un regalo extraño, pero no lo es. Sufrir por la causa de Cristo tiene un propósito, no sin propósito. Él lo permite para nuestro bien y para su gloria, y eso marca la diferencia". 4

_____

Devoción escrita por el pastor Frank y Samuel Gervasi

_____

1. Adaptado de una historia a la que se accedió en: https://www.sermonillustrations.com/a-z/r/rewards.htm, según se accedió el 26/01/2025.

2. Biblia interlineal, https://www.biblestudytools.com/interlinear-bible/nas/philippians/passage/?q=philippians%201%3A27-30, consultada el 26/01/2025.

3. Augustine, Quote Fancy, https://quotefancy.com/quote/905945/Saint-Augustine-Our-rewards-in-heaven-are-a-result-of-God-s-crowning-His-own-gifts, consultado el 26/01/2025.

4. Tony Evans, CSB Study Bible, Holman, Copyright © 2017 por Holman Bible Publishers, www.biblegateway.com, consultado el 26/1/2025.

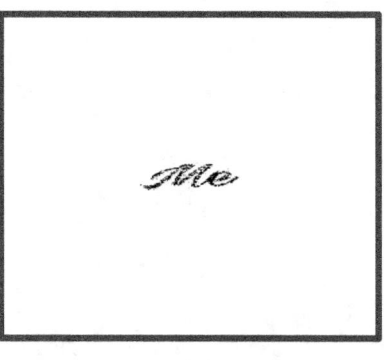

#10 - El Gran Mio
Leer: *Filipenses 2:1-4*

———————————

"Debido al privilegio y la autoridad que Dios me ha dado, les doy a cada uno de ustedes esta advertencia: No piensen que son mejores de lo que realmente son. Sean honestos en su evaluación de sí mismos, midiéndose por la fe que Dios nos ha dado". **Romanos 12:3, NVI**

———————————

"Harry Ironside fue un predicador canadiense y ex pastor de la Iglesia Moody en Chicago, un hombre consumado en el ministerio, por decir lo menos. Pero a pesar de esto, a veces, Ironside se convencía por su falta de humildad. Entonces, se dijo que un amigo le recomendó como remedio, que marchara por las calles de Chicago con una tabla de sándwiches, gritando los versículos de las Escrituras escritos en la pizarra para que todos los escucharan. El Dr. Ironside estuvo de acuerdo con esta empresa e hizo eso mismo: gritarlos en voz alta uno tras otro y hacer un espectáculo de sí mismo. Finalmente, terminó su tarea y regresó a su estudio. Quitó la tabla de sándwiches, se sentó, puso los pies en alto y pensó: "Apuesto a que no hay otro hombre en la ciudad que haya hecho eso". 1

El Dr. Ironside no fue el único al que le resultó fácil pensar demasiado bien de sí mismo. La humildad es algo que todos lucharemos por mantener a veces durante nuestro caminar con Cristo. A medida que continuamos con nuestro énfasis en el libro de Filipenses, veremos en nuestro pasaje de hoy, cómo poner a los demás en primer lugar está intrínsecamente relacionado con cultivar un corazón humilde.

———————————

Gran idea: La humildad significa poner las necesidades y preocupaciones de los demás por encima de las nuestras.

———————————

En nuestro pasaje de hoy, el apóstol Pablo vincula una mentalidad humilde con lo que más valoramos: los demás o nosotros mismos. Los versículos 3-4 dicen: "No hagáis nada por ambición egoísta o vanidad. Más bien, con humildad, valoren a los demás por encima de ustedes mismos, no mirando sus propios intereses, sino cada uno de ustedes a los intereses de los demás". (NVI)

Pensar en los demás es importante cuando se trata de combatir el orgullo. Porque el orgullo es naturalmente egocéntrico y egoísta. El orgullo tiene que ver con una palabra de dos letras: M y E, pero la humildad está orientada a los demás, pensando menos en nosotros mismos y más en las personas que nos rodean.

———————————

Perspicacia: Una de las principales características de alguien que camina en humildad es velar por los intereses de los demás, por lo que debemos tratar de emular esta cualidad en nuestro propio caminar con Dios.

———————————

A menudo, las personas confunden la humildad con la debilidad o la falta de autoestima. Pero la baja autoestima no es lo mismo que la humildad bíblica. Un dicho que escuché una vez que realmente captura la verdadera humildad es este: "La verdadera humildad no es pensar mal de uno mismo, sino pensar correctamente de uno mismo".

Observe la connotación detrás de la frase "vanidad engreída". Esta frase proviene de una palabra griega que significa "vana gloria, sin fundamento, orgullo vacío". 2

¡Que estas palabras nunca nos describan como embajadores de Cristo! Elijamos alejarnos de la vacuidad del orgullo y elijamos ser humildes, pensemos más en las necesidades de los demás que en nuestras propias apariencias, y dejemos que el Espíritu de Dios nos enseñe cómo pensar correctamente de nosotros mismos.

———————————

Desafío: ¿Qué significa pensar correctamente de mí mismo? ¿Cómo puedo concentrarme en las necesidades de los demás ante todo hoy?

Orar: Pedirle a Dios que cultive en mí un corazón humilde para Su gloria...

Profundizando:

Cuando no valoramos las necesidades de los demás por encima de las nuestras, nuestros corazones orgullosos presionarán demasiado para satisfacer nuestras propias necesidades (o deseos) y terminarán destruyendo relaciones y creando rivalidad en el camino. Pero la humildad es el antídoto para la rivalidad. En la Biblia de Estudio de la Reforma de la ESV, vemos que se discute esta misma verdad:

"El orgullo es competitivo por naturaleza y trata de elevar a una persona por encima de los demás, promoviendo así conflictos en lugar de armonía (vv. 2, 14; 1:27). Por el contrario, la humildad acepta un lugar de servicio, con preocupación por las necesidades e intereses de los demás (v. 4). El amor (v. 2) es esencial para la humildad (1:9; 1 Corintios 13:4, 5)". **3**

Devoción escrita por el pastor Frank y Samuel Gervasi

---

1. Adaptado de una historia a la que se accedió el https://sermoncentral.com/sermon-illustrations/20206/dr-harry-ironside-a-renowned-preacher-of-the-by-sermon-central, el 30/01/2024.

2. Biblia interlineal, https://www.biblestudytools.com/lexicons/greek/kjv/kenodoxia.html, consultado el 30/01/2025.

4. Biblia de estudio de la Reforma ESV, Copyright © 2015 por P & R Publishing, generosamente proporcionada por Ligonier Ministries, www.biblegateway.com, según se accedió el 30/01/2025.

Filipenses-Gozo en Acción Devocional

#11 - Sirviendo a Cristo Modelos
Leer: *Filipenses 2:5-8*

"Ahora que yo, vuestro Señor y Maestro, os he lavado los pies, vosotros también debéis lavaros los pies unos a otros. Te he dado un ejemplo para que hagas lo que yo he hecho por ti". **Juan 13:14-15**

Se contó una historia sobre D.L Moody y el ejercicio de la humildad a través del servicio. Se dijo: "Un gran grupo de pastores europeos vino a una de las Conferencias Bíblicas Northfield de D. L. Moody en Massachusetts a fines de 1800. Siguiendo la costumbre europea de la época, cada invitado ponía sus zapatos fuera de su habitación para que los sirvientes del salón los limpiaran durante la noche. Pero, por supuesto, esto era Estados Unidos y no había sirvientes de salón.

Caminando por los pasillos de los dormitorios esa noche, Moody vio los zapatos y decidió no avergonzar a sus hermanos. Mencionó la necesidad a algunos estudiantes ministeriales que estaban allí pero que solo encontraron silencio o excusas piadosas. Moody regresó al dormitorio, recogió los zapatos y, solo en su habitación, el evangelista de fama mundial comenzó a limpiar y lustrar los zapatos. Solo la llegada inesperada de un amigo en medio del trabajo reveló el secreto.

Cuando los visitantes extranjeros abrieron sus puertas a la mañana siguiente, sus zapatos estaban lustrando. Nunca supieron por quién. Moody no se lo dijo a nadie, pero su amigo se lo contó a algunas personas, y durante el resto de la conferencia, diferentes hombres se ofrecieron como voluntarios para lustrar los zapatos en secreto.1

La humildad se muestra a través del servicio a los que nos rodean. Al igual que en la historia de D.L. Moody, también mostramos humildad cuando nos humillamos y servimos a los demás. A medida que continuamos con nuestro énfasis en el libro de Filipenses, vemos que Cristo fue el siervo más grande de todos, dejando un ejemplo para nosotros hoy.

———————

Gran idea: Una persona humilde modelará a Cristo sirviendo a los demás...

———————

En nuestro pasaje de hoy, el apóstol Pablo vincula una mentalidad humilde con el modelado del comportamiento de Cristo. El modelado fue probablemente la forma más significativa en que Cristo enseñó durante su ministerio terrenal. El versículo 5 dice: "tengan la misma mentalidad que tuvo Cristo Jesús". (NVI). Durante sus tres años de ministerio, hizo eso mismo con sus propios discípulos. De hecho, hicieron todo juntos. Comían juntos, vivían juntos, adoraban juntos, incluso viajaban y ministraban juntos también.

Sin embargo, por implicación, también se sirvieron mutuamente. Porque también en el versículo 5, el apóstol Pablo señaló: "En sus relaciones entre sí". Entonces, en esencia, les estaba diciendo que sirvieran a quienes los rodeaban, y eran los que más estaban cerca unos de otros. Además de las diversas personas que encontraron.

———————

Perspicacia: Una de las principales características de alguien que camina en humildad es servir a los demás. Jesús lo hizo y nosotros también deberíamos hacerlo...

———————

Se señaló en el devocional del jueves que: a menudo, las personas confunden la humildad con la debilidad. Y la humildad no es solo pensar bien de uno mismo, sino también mostrarse a través del servicio a los demás. Sin embargo, debido a que Cristo lo modeló como servicio a sus discípulos, también debemos servir a quienes nos rodean hoy.

El versículo resaltado del capítulo 13 de Juan también muestra humildad en el servicio. De hecho, si Jesús, el Hijo de Dios, no era demasiado orgulloso para servir

Filipenses-Gozo en Acción Devocional

a sus propios discípulos, debería servir como nuestro mejor ejemplo para hacer lo mismo. En Juan 13:14-15 muestra: "Ahora que yo, vuestro Señor y Maestro, os he lavado los pies, vosotros también debéis lavaros los pies los unos a los otros. Te he dado un ejemplo para que hagas lo que yo he hecho por ti".

Piense en cómo se levantó de la mesa, se puso una prenda exterior y se agachó para hacer algo tan simple como lavar los pies de una persona, y cómo habla a ese volumen. De hecho, Peter está fuera de sí y no quiere formar parte de él. En Juan 13 dice: "Vino a Simón Pedro, quien le dijo: 'Señor, ¿vas a lavarme los pies?' .....' No', dijo Pedro, 'nunca me lavarás los pies'". (NVI, vv. 6, 8).

La humildad siempre se mostrará a través del servicio a los demás. Seguimos el ejemplo de nuestro Señor y servimos a los que nos rodean.

Desafío: ¿He caminado en humildad últimamente? ¿A quién puedo servir para modelar la humildad de Cristo hoy?

Ora: Pidiéndole a Dios que cultive en mí un corazón humilde para Su gloria sirviendo a los demás...

Profundizando:

Cuando modelamos el comportamiento de Cristo, queda claro que fue un verdadero siervo en todo el sentido de la palabra. Aunque era el Hijo de Dios y Dios en forma humana, servir no estaba por debajo de él. En el Comentario Ilustrado de Antecedentes Bíblicos de Zondervan del Nuevo Testamento, vemos que se muestra esta misma verdad:

"Tomando la naturaleza misma de un siervo (2:7). La palabra traducida como "siervo" en la NVI es la palabra común para "esclavo" (ver comentarios sobre 1:1). Pero, ¿en qué sentido tomó Jesús la forma de un esclavo? Desde el punto de vista de los romanos, Jesús era un judío común, miembro de un pueblo que el general romano Pompeyo había conquistado en el año 63 a.C. y sobre el cual los romanos habían gobernado desde entonces, a veces directamente a través de gobernadores y a veces indirectamente a través de reyes títeres como Herodes el Grande, su hijo Arquelao y su nieto Herodes Agripa I. Sin embargo, desde la perspectiva judía, el gobierno de una potencia extranjera era esclavitud, un castigo

bien merecido por quebrantar la ley de Dios (Deuteronomio 28:68; Esdras 9:9). Jesús se convirtió en un esclavo de este tipo, compartiendo la maldición de la ley que había caído sobre el pueblo de Dios (Gálatas 3:10; 4:4), aunque él solo entre el pueblo de Dios no había quebrantado ninguna de las leyes de Dios". 2

_____

Devoción escrita por el pastor Frank y Samuel Gervasi

_____

1. Adaptado de una historia consultada el https://bible.org/illustration/man-servant%E2%80%99s-heart, el 02/02/2024.

2. Zondervan Illustrated Bible Backgrounds Commentary of the New Testament, Copyright 2002, BibleGateway Plus, https://www.biblegateway.com/passage/?search=Philippians%202%3A5-8&version=NIV, consultado el 02/02/2025.

#12 - La Humildad es Una Elección
Leer: *Filipenses 2:5-8*

---

*"Y estando en la condición de hombre, se humilló a sí mismo, haciéndose obediente hasta la muerte, ¡y muerte de cruz!" **Filipenses 2:8***

"Hubo un soldado estadounidense llamado William Edward Adams que recibió póstumamente la Medalla de Honor. Estacionado en la provincia de Kontum durante la Guerra de Vietnam, el Mayor Adams se distinguió el 25 de mayo de 1971, mientras se desempeñaba como piloto de helicóptero. En esa fecha... Adams se ofreció como voluntario para volar un helicóptero ligeramente armado... a una pequeña base de fuego bajo el ataque de una gran fuerza enemiga ... evacuar a tres soldados gravemente heridos. Había numerosas armas antiaéreas alrededor de la base que el enemigo había invadido, pero Adams se ofreció como voluntario para rescatar a sus camaradas de todos modos. Cuando se acercó a la base, los artilleros enemigos abrieron fuego con ametralladoras pesadas. Sin desanimarse por la fusilería, continuó su acercamiento, aterrizó el avión en la base de fuego y esperó pacientemente hasta que los soldados heridos fueron colocados a bordo. Cuando el helicóptero de Adams despegó para regresar a la base de operaciones, fue golpeado y gravemente dañado por el enemigo. Adams intentó un aterrizaje forzoso seguro, pero a pesar de sus valientes esfuerzos, el helicóptero explotó y Adams y los soldados heridos que vino a salvar perdieron la vida". 1

William Adams sabía antes de subirse a su helicóptero que las probabilidades estaban en su contra y que las posibilidades de regresar con éxito no estaban a su favor. Pero eligió volar de todos modos. Tomó la decisión consciente de arriesgar humildemente su propia vida por el bienestar de los demás. Hay otro que también

Filipenses-Gozo en Acción Devocional

arriesgó su vida, no para salvarnos de las bombas y las balas, sino del castigo de nuestro pecado. Y como veremos en nuestro pasaje de hoy, la decisión de Jesús de ir a la cruz nos sirve como ejemplo, de que nosotros también debemos decidir ser humildes.

Gran idea: De la misma manera que Cristo eligió dar su vida por nosotros, debemos tomar una decisión consciente de poner humildemente a los demás en primer lugar.

En nuestro pasaje de hoy, el apóstol Pablo nos da un ejemplo de cómo es la verdadera humildad. Observe cómo dice en los versículos 7-8: "Más bien, se despojó a sí mismo tomando la naturaleza misma de siervo, hecho semejante a los hombres. Y estando en la condición de hombre, se humilló a sí mismo, haciéndose obediente hasta la muerte, ¡y muerte de cruz!" (NVI)

Observe cómo Pablo usa la palabra "humillado" como verbo, ¡lo que implica acción! Debemos elegir mostrar

humildad. Esta idea se reitera en el versículo 7 cuando dice que Cristo "se hizo a sí mismo" nada, lo que nuevamente implica una resolución consciente de hacerlo por su propia voluntad. La humildad no es algo natural para nosotros; ¡Debemos cultivar activamente un corazón humilde!

Perspicacia: Debido a que Cristo renunció a las glorias del cielo para salvar nuestras almas, debemos dejar nuestro orgullo y servir a los demás humildemente en amor.

Observe la exclamación al final del versículo 8: "... ¡incluso la muerte en una cruz!" (NVI) La muerte por crucifixión generalmente estaba reservada para los criminales, por lo que era una forma vergonzosa y humillante de morir. ¡Pero Cristo tomó la decisión de renunciar a sus privilegios divinos para redimirnos!

Y a pesar de toda la valentía del mayor William Adams en Vietnam, debido a sus limitaciones humanas, no pudo salvar a aquellos por los que vino. Pero a través del poder ilimitado de Dios, Cristo nos compró con éxito a través de la cruz y rescató a aquellos por los que vino a morir. Y estamos llamados, como Sus hijos, a mostrar la misma humildad desinteresada hacia los demás.

F.B. Meyers, un amigo de D.L. Moody y evangelista en Inglaterra, dijo una vez esto: "Solía pensar que los dones de Dios estaban en estantes uno encima del otro, y cuanto más alto crecemos, más fácil podemos alcanzarlos. Ahora encuentro que los dones de Dios están en estantes uno debajo del otro, y cuanto más nos rebajamos, más nos volvemos". **2** (énfasis añadido)

———————

Desafío: ¿Cómo puedo evitar volverme orgulloso hoy? ¿Cómo puedo servir humildemente a los que me rodean?

Orar: Agradeciendo a Dios por salvarme y pidiéndole que me ayude a crecer en el servicio humilde...

———————

Profundizando:

¿Cuánta humildad se necesitó para que Jesús muriera por nuestros pecados? En la Biblia de Estudio Global de la ESV, vemos el alcance de la humildad de Cristo en el siguiente extracto:

"Es bastante notable que Dios el Hijo tomara forma humana para un mundo quebrantado. Pero Jesús fue mucho más lejos, haciéndose obediente (compare con Romanos 5:19) hasta el punto de la muerte, incluso la muerte en una cruz. La crucifixión era la máxima humillación, y el dolor físico era terrible (ver nota sobre Mateo 27:35). Era todo lo contrario de la majestad divina del Cristo preexistente. Por lo tanto, fue la máxima expresión de la obediencia de Cristo al Padre". 3

———————

Devoción escrita por el pastor Frank y Samuel Gervasi

———————

1. Adaptado de una historia a la que se accedió el https://www.cmohs.org/recipients/william-e-adams, el 2/06/2024.

2. Cita de F.B. Meyer, adaptada por Andrew Murray en Humildad: El viaje hacia la santidad. https://www.goodreads.com/quotes/7272326-i-used-to-think-that-god-s-gifts-were-on-shelves-one.

3. Biblia de estudio global ESV, Copyright © 2012 por Crossway. Todos los derechos reservados. Consultado en BibleGateway Plus, https://www.biblegateway.com/passage/?search=philippians%202%3A5-8&version=NIV, el 02/06/2025.

#13 - La Humildad es Recompensada
Leer: *Filipenses 2:9-11*

"Pero él nos da más gracia. Por eso la Escritura dice: 'Dios se opone a los soberbios, pero muestra favor a los humildes'". **Santiago 4:6 NVI**

Una vez escuché una historia sobre Edward Stanton, quien "fue un abogado y político que se desempeñó como secretario de guerra de Abraham Lincoln durante la Guerra Civil estadounidense. Stanton fue un aliado cercano de Lincoln y desempeñó un papel clave en el esfuerzo bélico de la Unión". 1 Sin embargo, habían circulado rumores de que durante la guerra Lincoln tomó una decisión al emitir una orden que afectó a Stanton. En consecuencia, el amigo de confianza de Lincoln no siguió inmediatamente la orden. De hecho, ¡se decía que Stanton lo llamaba tonto! Sin embargo, cuando Lincoln se enteró de cómo se llamaba, su respuesta fue "entonces debo estar actuando como tal". Y, después de que los dos hablaron, escuchó la lógica, y con humildad, rescindió la orden. 2

Gran idea: Una persona humilde es recompensada por Dios mismo.

En nuestro pasaje de hoy, el apóstol Pablo nos da una razón importante para que una persona muestre humildad como Cristo, que Dios mismo la recompensa. Ahora, si pensamos en eso, vemos que Dios mismo obrará a favor de la persona que está tomando la decisión consciente de rebajarse a sí misma caminando y operando con un espíritu humilde. De hecho, podemos experimentar la alegría y la paz que viene con esa elección.

Filipenses-Gozo en Acción Devocional

Observe lo que dice en el versículo 9: "Por tanto, Dios lo elevó al lugar de mayor honra". La elevación fue realizada por alguien más grande. En este caso, Dios lo hizo por el acto de sumisión. Lo cual, por implicación, es que Dios hará lo mismo por aquellos que elijan este rasgo en sus propias vidas.

Ahora, para aclarar, obviamente es un lugar de honor diferente porque esto estaba hablando de la Segunda Persona de la Trinidad. Hacer lo que se requería para reconciliar al hombre con Dios y restaurar todo lo que fue destruido por la Caída del Hombre. Sin embargo, creo que Dios también desea recompensar a aquellos que caminan en humildad.

Perspicacia: Debemos esforzarnos por la humildad no solo porque es recompensada, sino también para evitar la oposición de Dios.

Es decir, que Dios mismo trabajará activamente contra la persona que camina en orgullo. De hecho, si miramos de nuevo nuestro versículo resaltado en Santiago capítulo 4, podemos verlo. Porque dice: "Pero él nos da más gracia. Por eso la Escritura dice: 'Dios se opone a los soberbios, pero muestra favor a los humildes'".

¿Quién no querría experimentar la gracia de Dios en mayor medida? Y a la inversa, ¿quién querría que Dios se opusiera a ellos? Sería una batalla que todos perderían.

¡Que elijamos la humildad y experimentemos las bendiciones de la gracia de Dios en nuestras vidas hoy!

Desafío: ¿Cómo puedo evitar volverme orgulloso hoy? ¿Qué maneras prácticas puedo andar en humildad?

Orar: Pedirle a Dios más de Su gracia en nuestras vidas eligiendo evitar una vida orgullosa.

Profundizando:

¿Por qué se regocijó Cristo? En la Biblia Ilustrada de Zondervan, vemos la respuesta de Dios el Padre debido a la humildad exhibida por Cristo.

Filipenses-Gozo en Acción Devocional

"Exaltación de Cristo. El término cubre la secuencia de eventos que comienza con la Resurrección de Cristo y que incluye su Ascensión y su venida de nuevo (ver Escatología). El resultado de su humildad y obediencia, la "alta exaltación" de Cristo, a su vez conducirá a la flexión de toda rodilla y al reconocimiento de su señorío por toda lengua (Filipenses 2:8-11; cf. Hechos 2:33). La exaltación de Cristo lo coloca "a la diestra de Dios" (Romanos 8:34), una expresión usada por Esteban (Hechos 7:55-56), Pablo (Efesios 1:20), Pedro (1 Pedro 3:22) y el escritor de Hebreos (Hebreos 1:3; 10:12; 12:2). Esto establece firmemente la asociación de Cristo con Dios en poder y gloria, una glorificación señalada por nuestro Señor mismo (Jn. 17:5; cf. 12:32)". **3**

Devoción escrita por el pastor Frank y Samuel Gervasi

1.Wikipedia,https://www.google.com/search?q=abraham+lincoln+and+edward+stanton&oq=abraham+lincoln+and+edward+stanton&gs_lcrp=EgZjaHJvbWUyBggAEEUYOTINCAEQABiGAxiABBiKBTINCAIQABiGAxiABBiKBTINCAMQABiGAxiABBiKBTICAQQABiABBiiBDIKCAUQABiABBiiBDIKCAYQABiiBBiJBdIBCTE2NTUwajBqNKgCALACAQ&sourceid=chrome&ie=UTF-8, el 2/06/2024.

2. Adaptado por una historia en, https://sermoncentral.com/sermon-illustrations/67817/abraham-lincoln-s-secretary-of-war-edwin-by-ajai-prakash, consultado el 02/08/2025.

3. Bible Gateway Plus, https://www.biblegateway.com/passage/?search=Philippians%202%3A9-11&version=NIV, consultado el 08/02/2025.

#14 - La Obediencia es un Trabajo Duro
Leer: *Filipenses 2:12-13*

"Haz tu mejor esfuerzo por presentarte a Dios como alguien aprobado, un obrero que no necesita avergonzarse y que maneja correctamente la palabra de verdad". *2 Timoteo 2:15, NVI*

"En mayo de 2013, Arvind Mahankali, de trece años, deletreó correctamente la palabra kneidel (una palabra germano-yiddish para una bola de masa) para ganar el 86º Concurso Nacional de Ortografía Scripps. Mahankali había terminado tercero en cada uno de los dos años anteriores, durante los cuales fue eliminado por no deletrear correctamente una palabra derivada del alemán. Entonces, en preparación para su tercer intento por el premio, Mahankali trabajó diligentemente para fortalecer su área de debilidad. "Este año preparé palabras alemanas y las estudié, así que cuando obtuve palabras alemanas este año, no me preocupé", dijo después de su victoria. Nadie ha inventado aún una forma de adquirir... cualquier cosa que valga la pena, sin esfuerzo". 1

A veces, en nuestro caminar con Cristo, llegarán momentos en los que tendremos que esforzarnos por esforzarnos por el crecimiento espiritual. Fuimos llamados a entrenarnos para vivir vidas piadosas, incluso cuando no es fácil. Y como veremos en nuestro pasaje de hoy, este tipo de trabajo duro es crucial si queremos vivir una vida que glorifique a Dios de manera apropiada.

Gran idea: Debemos esforzarnos mucho en asuntos de fe, hacer lo mejor que podamos y vivir una vida que honre a Dios.

Filipenses-Gozo en Acción Devocional

En nuestro pasaje de hoy, el apóstol Pablo desafía a los creyentes a continuar siendo obedientes, aunque no esté presente con esos creyentes. Él dice que es importante, en el versículo 12, que ellos: "Trabajen duro para mostrar los resultados de su salvación, obedeciendo a Dios con profunda reverencia y temor". (NTV)

Cada etapa de la vida de un creyente debe ser una de trabajo deliberado y aplicación de las verdades de las Escrituras a nuestras propias experiencias, para vivir nuestra fe.

Perspicacia: Los seguidores de Cristo deben esforzarse por entrar en la fe cristiana para adorar a Dios a través de sus acciones obedientes.

El versículo 12 dice que trabajemos duro "con profunda reverencia y temor" (NTV). Algunas versiones traducen esta frase, "con temor y temblor" (NVI). Esta segunda frase ha llevado a algunos a interpretar estos versículos para decir que los nuevos creyentes no deben tener demasiada confianza en su fe. Pero la frase "con profunda reverencia y temor" arroja una luz diferente sobre este versículo. Trabajamos duro no por miedo o incertidumbre sobre si nuestra fe es genuina, sino desde un lugar de asombro y asombro por la misericordia que Dios nos ha mostrado.

Finalmente, es importante notar que la exhortación de Pablo a trabajar duro en nuestra fe no sugiere que tratemos de hacer lo correcto por nuestro propio poder o siguiendo reglas. Eso contradiría el Evangelio, y nuestro pasaje mismo dice: "Porque Dios está obrando en vosotros, dándoos el deseo y el poder de hacer lo que le agrada".

Pero el hecho de que Dios esté obrando en nosotros para llegar a ser más como Él, no cambia el hecho de que debemos entrenarnos espiritualmente. De hecho, demuestra fe en que Dios nos ayudará a crecer cuando nos disciplinemos para hacer lo correcto.

Debemos esforzarnos por las cosas de Dios, yendo con todo en vivir como Jesús. Y con el poder del Espíritu Santo obrando en nosotros, podemos vivir la vida que Jesús quiere.

Desafío: ¿Cuáles son las motivaciones detrás de por qué hago lo correcto? ¿En qué área puedo disciplinarme para ser piadoso hoy?

Orar: Pedirle a Dios que me dé el deseo y la fuerza para hacer lo que le agrada...

Profundizando:

¿Qué significa que Dios obra en nosotros? En la 2ª edición de su Biblia de Estudio NKJV, John MacArthur elabora esta frase:

"Aunque el creyente es responsable de trabajar (v. 12), el Señor realmente produce las buenas obras y el fruto espiritual en la vida de los creyentes (Juan 15:5; 1 Corintios 12:6). Esto se logra porque Él obra a través de nosotros por Su Espíritu que mora en nosotros (Hechos 1:8; 1 Corintios 3:16, 17; 6:19, 20; cf. Gálatas 3:3)... Dios energiza tanto los deseos del creyente como sus acciones. La palabra gr. para 'voluntad' indica que Él no se está enfocando en meros deseos o emociones caprichosas, sino en la intención estudiada de cumplir un propósito planeado. El poder de Dios hace que su iglesia esté dispuesta a vivir vidas piadosas (cf. Sal. 110:3)". 2

Devoción escrita por el pastor Frank y Samuel Gervasi

---

1. Adaptado de una historia a la que se accedió en https://ministry127.com/resources/illustration/the-necessity-of-preparation, el 13/02/2024.

2. Biblia de estudio NKJV MacArthur, 2ª edición, derechos de autor © 1997, 2006, 2019 por Thomas Nelson. Todos los derechos reservados. Consultado en Bible Gateway Plus, https://www.biblegateway.com/passage/?search=philippians%202%3A12-13&version=NIV, el 13/02/2025.

#15 - Vivir Bien es Crucial
Leer: *Filipenses 2:14-15*

_____

"Vivan vidas limpias e inocentes como hijos de Dios". **Filipenses 2:15**

_____

"Leí sobre una mezcla de pastel instantáneo que fue un gran fracaso. Las instrucciones decían que todo lo que tenía que hacer era agregar agua y hornear. La compañía no podía entender por qué no vendía, hasta que su investigación descubrió que el público comprador se sentía incómodo con una mezcla que solo requería agua. Aparentemente, la gente pensó que era demasiado fácil. Así que la compañía modificó la fórmula y cambió las instrucciones para pedir agregar un huevo a la mezcla además del agua. La idea funcionó y las ventas aumentaron drásticamente". **1**

Me recuerda nuestro caminar con Cristo; estamos llamados a vivir de manera que honremos a Dios. Desafortunadamente, mezclamos otras cosas con los mandamientos de Dios, pero todo lo que él requiere es que vivamos de manera que no nos quejemos ni quejemos. Especialmente porque la gente nos observa constantemente porque afirmamos ser seguidores de Cristo.

_____

Gran idea: Continuar con alegría dirá mucho a quienes nos rodean.

_____

A medida que continuamos con nuestro énfasis en Filipenses, vemos que cuando continuamos en Gozo, eso dice mucho a los demás. Entonces, nos guste o no, la

Filipenses-Gozo en Acción Devocional

gente nos está mirando tanto a los creyentes como a los no creyentes. Entonces, debido a eso, debemos esforzarnos por vivir de manera que honre a Dios.

En nuestro pasaje de hoy, podemos ver en el versículo 14 que dice: "Haced todo sin murmuraciones ni murmuraciones". Ahora, eso es algo convincente si lo piensas, dependiendo de la situación. Muchas cosas pueden suceder en la vida que nos roban la alegría. En consecuencia, es importante que un creyente sea consciente y no se descontente ni se queje. Para otros creyentes es importante porque modela cómo Dios quiere que nos comportemos en el mundo. Además, debemos vivir sin quejarnos porque los no creyentes lo verán.

Perspicacia: Los seguidores de Cristo deben vivir de una manera alegre, para que otros no nos critiquen y arrojen una mala luz sobre el cristianismo.

Desafortunadamente, las personas a veces tratarán de encontrar fallas en la forma en que vive un cristiano y usarán eso como excusa para no abrazar las cosas de Dios. En el versículo 15 dice: "Para que nadie os critique". No debemos dar a la gente una razón para acusarnos de irregularidades.

El apóstol Pablo incluso va más allá y nos da formas adicionales de vivir correctamente. Porque en la segunda parte del versículo 15 dice: "Vivan vidas limpias e inocentes como hijos de Dios". Limpio como se usa aquí es la idea de intachable pero no perfecto. Torcido, como usan algunas versiones, lleva la idea de malvado. Y, perverso es similar, pero en realidad significa malvado.

A.W. Tozer lo dijo así con respecto a la vida correcta: "Una de las críticas más punzantes que se hacen contra los cristianos es que sus mentes son estrechas y sus corazones son pequeños... que se pueda hacer tal acusación es motivo suficiente para un examen serio del corazón y la oración". 2

¡Que seamos personas que vivan justo delante de Dios, con alegría, porque otros están mirando nuestras vidas!

Desafío: ¿Cómo es mi vida para quienes me rodean? ¿De qué maneras necesito crecer y llegar a ser más como Cristo?

Orar: Pedirle a Dios que nos dé la fuerza para vivir de manera recta...

Profundizando:

¿Qué significa vivir de la manera correcta? A veces es fácil confundir la palabra intachable con perfección. Sin embargo, no es necesariamente lo mismo. En la Biblia de Estudio de la NVI, elabora esta pregunta e idea:

"Intachable y puro. . . sin fallas. No perfección absoluta y sin pecado, sino devoción incondicional y sin mezcla para hacer la voluntad de Dios (ver 1:10 y nota). generación retorcida y torcida. Una descripción del mundo incrédulo (véanse Hch 2:40; Efesios 2:1-3; cf. Mt 17, 17). brillan entre ellos como estrellas. El contraste, como la luz en la oscuridad, que los cristianos deben ser con el mundo que los rodea (cf. Mt 5:15-16). 3

Devoción escrita por el pastor Frank y Samuel Gervasi

---

1. Ilustraciones de sermones, https://www.sermonillustrations.com/a-z/w/works_righteousness.htm, consultado el 16/02/2025.

2. Sermón titulado: Brillando como luces brillantes para Cristo, PFG, fuente original desconocida.

3. Biblia de estudio NIV, Copyright © 1985, 1995, 2002, 2008, 2011 por Zondervan, consultado en Herramientas de estudio bíblico el 16/02/2025.

#16 - Una Vida Bien Vivida
Leer: *Filipenses 2:16-18*

"Por lo tanto, mis queridos hermanos y hermanas, manténganse firmes. Que nada te mueva. Entréguense siempre plenamente a la obra del Señor, porque saben que su trabajo en el Señor no es en vano". **1 Corintios 15:58**

"'¡VE POR LAS ALMAS y ve por lo peor!' fue el grito constante de William Booth, fundador del Ejército de Salvación. Las multitudes en los barrios marginales de Londres ... borrachos, morfina, prostitutas y pobres... viviendo en la pobreza abyecta, lo convenció de que había descubierto el trabajo de su vida y que nadie había llevado el Evangelio a "abajo y afuera" como él lo hizo... Se propuso llegar a ellos con lo que llamó las 3 S: sopa, jabón y salvación... En 1865, Booth comenzó con solo su esposa a su lado ... no apreciado por las iglesias establecidas de su época, ridiculizado y abucheado por casi todos. Su muerte 47 años después contrastó fuertemente con 40.000 personas que asistieron a su funeral, incluida la reina María de Inglaterra. ¡Su "Ejército", que incluía 21.203 oficiales y 8.972 sociedades, trabajaba en 58 países predicando el Evangelio en 34 idiomas!" 1

Escuchar las historias de éxito de hombres como William Booth nos emociona, porque la mayoría de nosotros nos esforzamos por vivir vidas fieles ante Dios y los demás. Afortunadamente para nosotros, la fidelidad a Dios siempre vale la pena, y como veremos en nuestra devoción de hoy, nuestra fidelidad será sucedida por un espíritu de gozo al final.

Gran idea: Una vida de fidelidad resultará en alegría para todos los involucrados.

Filipenses-Gozo en Acción Devocional

_____

En nuestro pasaje de hoy, el apóstol Pablo instruye a los creyentes filipenses a ser firmes en su fe. Pero también reconoce que, incluso si no está en la tierra para ver su fe vivida, Pablo todavía posee gozo. Dice en el versículo 17: "Pero me alegraré aunque pierda mi vida, derramándola como una ofrenda líquida..." (NTV)

A una persona que camina fielmente se le promete que experimentará el gozo y la satisfacción de un trabajo bien hecho y una vida bien vivida.

_____

Perspicacia: Un corazón devoto que busca hacer la voluntad de Dios, conducirá al final a un gozo desbordante.

_____

Observe cómo Pablo reconoce la posibilidad de que él "pierda la vida" en el versículo 17. El apóstol Pablo estaba dispuesto incluso a sufrir la muerte por su fe. Y una de las cosas que le trajo alegría frente a eso fue ver a la iglesia de Filipos crecer y servir juntos para el avance del Evangelio.

Parte de la razón por la que disfrutamos tanto escuchar historias de personas como William Booth, o incluso el apóstol Pablo, es porque el impacto espiritual que dejaron atrás fue grande y notable para que todos lo vieran. Pero no se equivoquen: toda fidelidad a Dios será recompensada y puede conducir a la alegría en nuestras vidas si lo permitimos. Demos la bienvenida a esa alegría hoy, y sigamos siendo fieles, porque, "... en el momento adecuado cosecharemos si no nos damos por vencidos". (Gálatas 6:9)

_____

Desafío: ¿En qué áreas me está llamando Dios a ser fiel? ¿Cómo puedo experimentar la alegría de una vida bien vivida hoy?

Ora: Agradeciendo a Dios por las recompensas que tiene reservadas para mí, y pidiéndole que me ayude a permanecer fiel hoy...

_____

Profundizando:

Filipenses-Gozo en Acción Devocional

Pablo menciona en el versículo 17 que se derrama como una "ofrenda líquida" u "libación". Pero, ¿qué significa esta frase y cuál es su significado? Los autores del Diccionario de Temas Bíblicos lo definen de la siguiente manera, y al hacerlo, revelan la creencia de Pablo de que dar su vida por el Evangelio era un acto de adoración a Dios:

"Una ofrenda de sacrificio de vino derramada al pie del altar, para acompañar una ofrenda quemada, de comunión o de grano". 2

_____

Devoción escrita por el pastor Frank y Samuel Gervasi

_____

1. Adaptado de dos historias, consultadas en https://www.gospeltruth.net/booth/boothbioshort.htm y https://ministry127.com/resources/illustration/serving-god-with-or-without-vision, el 21/02/2024.

2. Diccionario de Temas Bíblicos, Índice de las Escrituras copyright Martin H. Manser, 2009. Como editor, Martin Manser desea agradecer a todos aquellos que compilaron o editaron la Biblia de Estudio Temática de la NVI, en la que se basa este trabajo. Diccionario consultado en Bible Gateway Plus, https://www.biblegateway.com/passage/?search=philippians%202%3A16-18&version=NIV, el 21/02/2025.

3. Introducción / cierre musical, Praise Adonai, Integrity Music, Paul Biloche, 2009

#17 - Repetición Positiva
Leer: *Filipenses 3:1-2*

"Estos mandamientos que les doy hoy deben estar en sus corazones".
Deuteronomio 6:6, NVI

La gente y los entusiastas del atletismo conocen la importancia de la repetición desde hace mucho tiempo. Un entusiasta dijo que la repetición es lo que hace que el músculo crezca al hacer el ejercicio una y otra vez. Continuó diciendo: "La memoria muscular es la idea en los deportes en la que, para dominar realmente algo, debes hacerlo repetidamente. A través de la repetición, que puede llevar años y años, su cuerpo aprende un nuevo hábito en la memoria muscular, no en el conocimiento de la cabeza. Ya no debes pensar en ello; simplemente sucede naturalmente.

Piense en un mariscal de campo de la NFL: desde el momento en que se lanza el balón, la mayoría de ellos lo hacen en menos de tres segundos. En ese momento no están pensando en lo que están haciendo; es natural. A menudo, en los círculos religiosos, la gente habla de que la fe va de la cabeza al corazón, donde no es algo en lo que 'piensas', sino algo que surge naturalmente porque es parte de lo que eres". **1**

Lo mismo puede decirse de nuestra fe y la cantidad de veces que escuchamos una verdad espiritual. Eventualmente, se convierte en una segunda naturaleza y en parte de nuestra vida cotidiana.

Gran idea: La repetición en asuntos de fe es algo bueno y puede conducir a la alegría.

En nuestro pasaje de hoy, el apóstol Pablo instruye a los creyentes filipenses a llenarse de gozo, especialmente cuando se trata de asuntos de fe. Y una de las formas en que podemos hacerlo es recordando las verdades importantes de la Biblia. De hecho, les estaba recordando verdades que ya se habían enseñado anteriormente.

En la lectura de hoy en el capítulo 3, en el versículo 1 dice: "Además, hermanos míos, ¡regocíjense en el Señor! No me cuesta trabajo volver a escribirte las mismas cosas. Primero, la idea de que se les recuerden las verdades bíblicas es importante para el crecimiento en la vida cristiana. Especialmente cuando se trata de un tema de importancia como la alegría. Nuestra disposición a menudo afecta todo lo que hacemos, por lo que estar alegres era imperativo para la iglesia allí, pero también para nosotros hoy por implicación. Sin embargo, una de las formas en que podemos hacerlo es escuchando cosas más de una vez.

Perspicacia: La repetición también se fomenta porque solidifica el fundamento de nuestra fe.

El apóstol Pablo también nos da el razonamiento de repetir las verdades de la Biblia. Porque en la última parte del versículo 2 les dice a los filipenses por qué, cuando dice: "Y lo hago para salvaguardar su fe". Eso significa que fue para construir el fundamento de su fe y fortalecerlos. De hecho, la palabra real utilizada aquí lleva la idea de: "Firme, seguro y verdadero". 2 Dándonos la imagen misma de sólido y fundamental. Entonces, si necesitaban que su fe fuera edificada, podemos concluir que también es bueno para nuestra fe.

La distinción entre repetir con un propósito y simplemente decir las cosas de nuevo fue hecha por Bruce Kawin, un teórico del cine. Dijo: "'repetitivo y repetitivo'. "Repetitivo", dice Kawin, ocurre "cuando una palabra, percepción o experiencia se repite con menos impacto en cada recurrencia; repetido sin ningún fin en particular, por falta de intención o descuido de pensamiento". Por otro lado, 'repetitivo ocurre cuando una palabra, precepto o experiencia se repite con igual o mayor fuerza en cada ocurrencia'". 3

Solidifiquemos nuestra fe repitiendo las verdades de las Escrituras para crecer.

Desafío: ¿Qué puedo recordar y memorizar para saber mejor de la Biblia? ¿Qué verdades pueden solidificar el fundamento de mi fe en la actualidad?

Orar: Agradeciendo a Dios por la bendición de la repetición bíblica como un medio para el crecimiento....

Profundizando:

La Biblia de Estudio de la Gracia y la Verdad de la NVI, cuando se refiere a este versículo principal, comparte ideas similares cuando dice:

"El gozo inunda esta carta. Pablo se regocija cada vez que se predica a Cristo y por su anticipación de glorificar a Cristo a través de un testimonio audaz en su próxima audiencia (1:14-20). Invita a sus lectores a compartir su gozo mientras ellos y él sufren por Cristo (2:17-18). Ahora lanza un llamado a regocijarse en el Señor, quien es la fuente constante de gozo en todas las circunstancias (4:4,10-13). Este llamado a la alegría, sin embargo, precede a una sobria advertencia, que Pablo pronunció previamente en persona y ahora repite para salvaguardar la fe de sus amigos". 4

Devoción escrita por el pastor Frank y Samuel Gervasi

---

1. Ideas de ilustración, https://illustrationideas.bible/muscle-memory/, consultado el 03/02/2025.

2. Biblia interlineal, https://www.biblestudytools.com/lexicons/greek/nas/asphales.html#google_vignette, consultado el 03/02/2025

3. https://thepastorsworkshop.com/sermon-illustrations/william-h-willimon-the-repetitive--repetitious-id_3483

4. Biblia de estudio NIV Gracia y Verdad, Bible Gateway Plus, https://www.biblegateway.com/passage/?search=Philippians%203%3A1-2&version=NIV, consultado el 03/02/2025

5. Introducción / cierre de música, Praise Adonai, Integrity Music, Paul Biloche, 2009

Filipenses-Gozo en Acción Devocional

#18 - Potencia Confiable
Leer: *Filipenses 3:3-7*

"Su poder divino nos ha dado todo lo que necesitamos para una vida piadosa a través de nuestro conocimiento de aquel que nos llamó por su propia gloria y bondad". **2 Pedro 1:3, NVI**

"A un joven misionero, Herbert Jackson, se le dio un automóvil para que lo ayudara en su trabajo. El automóvil era un activo importante, pero tenía una dificultad: no arrancaría sin un empujón o un arranque. Jackson ideó un sistema para hacer frente a la incapacidad del automóvil para arrancar. Cuando estuvo listo para salir de su casa, fue a una escuela cercana y pidió permiso para sacar a algunos de los niños de clase para ayudarlo a arrancar su automóvil.

A lo largo del día, tuvo cuidado de estacionarse siempre en una colina o de dejar el motor encendido cuando se detuvo para visitas cortas. Durante dos años, el joven misionero utilizó lo que creía que era un método ingenioso para permitirle usar el automóvil.

Cuando la mala salud obligó a la familia Jackson a abandonar el campo, llegó un nuevo misionero para dirigir la misión. Cuando Jackson le explicó al nuevo misionero sus métodos para arrancar el automóvil, el joven abrió el capó y comenzó a inspeccionar. —Vaya, doctor Jackson —interrumpió—, creo que el único problema es el cable suelto. Giró el cable, presionó el interruptor y el motor cobró vida.

Durante dos años, el Dr. Jackson había usado sus propios dispositivos y soportado problemas innecesarios. La potencia para arrancar el automóvil estaba ahí todo el tiempo, solo necesitaba estar conectado". 1

Filipenses-Gozo en Acción Devocional

De la misma manera, ¿con qué frecuencia nosotros, como hijos de Dios, tratamos de hacer Su voluntad y Su obra por medios humanos? Como veremos en nuestro devocional de hoy, si bien el esfuerzo humano es importante, solo cuando confiamos en el poder de Dios podemos vivir la vida a la que Dios nos ha llamado.

Gran idea: Para vivir una vida piadosa y mantenernos firmes en la verdad, debemos confiar en Cristo y no en los esfuerzos humanos.

En nuestro pasaje de hoy, el apóstol Pablo hace una distinción entre los "hermanos y hermanas" y los que voluntariamente y sistemáticamente hacen el mal, a los que describe como perros y "mutiladores de la carne". Y cuando Pablo describe a los verdaderos creyentes, los identifica de una manera interesante. Dice en el versículo 3: "Confiamos en lo que Cristo Jesús ha hecho por nosotros. No confiamos en el esfuerzo humano..." (NTV)

Como hemos mencionado en devocionales anteriores, hay disciplinas en la vida cristiana. Eso significa que habrá momentos en los que tendremos que comprometernos a hacer ciertas cosas por nuestra propia voluntad y entrenarnos para hacer lo correcto. Sin embargo, al final, lo único que realmente hará que la obediencia dure es la confianza total en Cristo.

Perspicacia: Nuestros propios esfuerzos por sí solos no pueden producir un cambio duradero en el corazón, por lo que debemos apoyarnos en Dios para obtener fuerza para obedecer Su Palabra y exhibir gozo.

Si alguien tenía derecho a poner su confianza en su propia humanidad, era Pablo. Pablo "fue circuncidado al octavo día" y era fariseo. Pablo guardó todas las reglas que esperarías que guardara un buen judío. También era solo eso: un judío, no por convertirse al judaísmo, sino por sangre. Pablo pudo rastrear su ascendencia hasta Benjamín, uno de los doce hijos de Jacob en el libro de Génesis.

Incluso además de su prestigiosa herencia y su cumplimiento cabal de la Ley, Pablo también era un zelote. Sabemos que antes de su conversión en el camino a Damasco, se comprometió a buscar a cualquier cristiano que pudiera encontrar y a perseguirlos por su fe en Cristo. Según la antigua vida de Pablo, era un mejor judío que la mayoría de los judaizantes de la iglesia de Filipos.

Sin embargo, ¿qué dice Pablo en el versículo 7? "Una vez pensé que estas cosas eran valiosas, pero ahora las considero inútiles por lo que Cristo ha hecho". (NTV) Al final, se dio cuenta de que la única manera de vivir una vida que agradara a Dios y trajera gozo a su propio corazón sería a través de la plena confianza y dependencia de Cristo. Del mismo modo, nuestra fe no puede perdurar si es impulsada por el poder humano. Solo cuando nos sometemos al poder de Dios y nos apoyamos en Su Espíritu para que nos guíe, podemos vivir una vida de la que valga la pena estar orgullosos. Busquemos a Dios por su fuerza para vivir bien la vida hoy.

———————————

Desafío: ¿En qué áreas tiendo a apoyarme en mi propia fuerza? ¿Cómo puedo enseñarme a mí mismo a apoyarme en el poder de Dios en esta área?

Orar: Pedirle a Dios que me dé Su poder hoy, y que me apoye en Él para lo que sea que enfrente...

———————————

Profundizando:

Pablo tenía todo el derecho, según los estándares culturales judíos, de jactarse de sus propios logros y antecedentes, y de confiar en ellos, sin embargo, eligió depender de los méritos de Cristo en lugar de depender de los suyos propios. En las Notas Bíblicas de los Principios de Vida de Charles F. Stanley de la NASB, Stanley lo describe con sus propias palabras:

"Paul tenía credenciales asombrosas, todo lo que definía el éxito en su comunidad. Desde su nacimiento, observó la ley y se convirtió en un fariseo muy prominente como estudiante del respetado Gamaliel (Hechos 5:34). Podía rastrear su linaje hasta el primer rey de Israel, Saúl. Además, debido a que nació en Tarso, disfrutó de todos los derechos y privilegios de ser ciudadano romano. Sin embargo, nada de esto podría compararse con conocer a Cristo". 2

———————————

Devoción escrita por el pastor Frank y Samuel Gervasi

---

1. Adaptado de una ilustración consultada en https://ministry127.com/resources/illustration/the-power-must-be-used, el 3/09/2025.

2. NASB Charles F. Stanley Principios de vida Notas bíblicas, Derechos de autor Charles F. Stanley, 2013. Según se accede a través de Bible Gateway Plus, en https://www.biblegateway.com/passage/?search=philippians%203%3A3-7&version=NIV, el 03/09/2025.

3. Introducción / cierre musical, Praise Adonai, Integrity Music, Paul Baloche, 2009.

#19 - Valor de la Relación
Leer: *Filipenses 3:7-9*

"Pero todo lo que para mí eran ganancias, ahora lo considero pérdida por causa de Cristo". *Filipenses 3:7, NVI*

Una historia era sobre el valor y se decía que: "Una noche oscura y tormentosa, una banda de ladrones irrumpió en una joyería, pero tenían una misión diferente. No robaron nada. Pero recorrieron cuidadosamente toda la tienda y cambiaron todas las etiquetas de precios. Luego se fueron. Al día siguiente, entró el personal y, debido a que los ladrones habían sido tan cuidadosos, nadie se dio cuenta de que habían estado allí. Los clientes llegaban y la gente gastaba enormes cantidades de dinero para comprar basura barata, mientras que otros pagaban un par de dólares por joyas que valían miles de dólares. Alguien ha cambiado las etiquetas en nuestro planeta. Continuamente nos bombardean con un conjunto diferente de valores de los que enseña la Biblia". 1

De manera similar, a menudo le damos valor e importancia a las cosas equivocadas de la vida. Algunos lo colocarán en educación, estatus, dinero, otros lo colocarán en relaciones y muchas otras cosas. Sin embargo, nuestro valor debe estar en Dios y en lo que se logró en la Cruz por la fe.

Gran idea: El valor de conocer íntimamente a Cristo tiene el mayor valor.

Filipenses-Gozo en Acción Devocional

En nuestro pasaje de hoy, el apóstol Pablo hace una poderosa declaración con respecto a su antigua vida y las cosas que consideraba importantes. Sin embargo, ahora los veía como inútiles en comparación con conocer a Cristo de una manera cercana e íntima.

Comenzando en el versículo 7 dice: "Una vez pensé que estas cosas eran valiosas, pero ahora las considero inútiles por lo que Cristo ha hecho". Es interesante que todas las cosas que consideramos importantes en la vida puedan perder su valor. Sin embargo, así es como los veía ahora, especialmente en comparación con lo que el apóstol Pablo consideraba importante, ahora que estaba siguiendo a Cristo. Había habido un cambio fundamental en todo lo que alguna vez fue dominante en su vida.

De hecho, nuestra relación con Jesús es la relación MÁS importante que podemos tener, y una de gran valor. Describe su relación con Cristo como de la mayor importancia. En el versículo 8 dice: "Considero que todo es una pérdida por el valor incomparable de conocer a Cristo".

Perspicacia: El valor de conocer a Cristo es mayor incluso que nuestro pasado.

Si alguien tenía derecho a depositar su confianza en su propio pasado, era Paul. Era celoso de la Ley de Moisés. Fue entrenado por Gamaliel, quien fue un destacado rabino y maestro judío. Un fariseo que era conocido por ser meticuloso en seguir la Ley. Sin embargo, consideraba que su relación con Cristo era aún más importante que su pasado.

Ahora, para la persona promedio eso puede no significar mucho, porque todos tenemos diferentes orígenes. Sin embargo, esos logros son importantes en esa cultura y época. Cualesquiera que sean nuestros logros pasados, palidecen en comparación con nuestra relación con Dios, a través de Cristo, en la fe.

Desafío: ¿En qué áreas tiendo a apoyarme en mis propios logros pasados? ¿Cómo puedo mantenerme más firme en lo que Cristo ha logrado por mí?

Orar: Pidiéndole a Dios que me dé su gracia y humildad para confiar plenamente en lo que Cristo hizo y no en nuestro pasado...

Profundizando:

Pablo tenía todo el derecho, según los estándares culturales judíos, de jactarse de sus propios logros y antecedentes, y de confiar en ellos, sin embargo, eligió depender de la gracia de Cristo a través de la fe en lugar de depender de la suya propia. En el Diccionario Bíblico Ilustrado de Zondervan, explica con más detalle lo que a menudo se define como justicia propia cuando dice:

"Confianza en la propia justicia. En el uso popular, una persona santurrona es aquella que se ve a sí misma como moralmente recta en contraste con los demás; A menudo implica la adhesión a la letra de los requisitos legales (legalismo) sin tener en cuenta su espíritu. En un sentido teológico, el término justicia propia se aplica a la creencia, actitud o comportamiento de las personas que buscan la aceptación de Dios por sus propios esfuerzos, es decir, haciendo buenas obras y guardando los estatutos divinos. Aunque el término justicia propia en sí no aparece en la Biblia, el concepto está claramente indicado en varios pasajes..... La persona santurrona no es justa ni en el sentido religioso ni en el moral. Aquellos que confían en sí mismos no tienen una posición correcta ante Dios a través del esfuerzo propio o la adhesión a la ley; tampoco son moralmente rectos, ya que solo se ve afectada su conducta externa y no sus actitudes. Véase también justificación". 2

Devoción escrita por el pastor Frank y Samuel Gervasi

1. Hotsermon Illustrations, https://hotsermons.com/sermon-illustrations/sermon-illustrations-values.html, consultado el 16/03/2025

2. Diccionario bíblico ilustrado de Zondervan, Copyright © 1987, 2011 por Zondervan, Biblegateway Plus, consultado el 16/03/2025.

3. Introducción / cierre musical, Praise Adonai, Integrity Music, Paul Baloche, 2009.

#20 - El Arte de Morir
Leer: *Filipenses 3:8-11*

_____

"Entonces llamó a la multitud junto con sus discípulos y dijo: 'El que quiera ser mi discípulo niéguese a sí mismo, tome su cruz y sígame. Porque el que quiera salvar su vida, la perderá, pero el que pierda su vida por mí y por el evangelio, la salvará'". **Marcos 8:34-35, NVI**

_____

Existe la historia de un hombre llamado James Calvert que dedicó su vida a la obra misionera en el extranjero. Cuando se dispuso a responder al llamado de Dios en su vida, tuvo una interacción interesante: "Cuando James Calvert fue como misionero a los caníbales de las islas Fiji, el capitán del barco trató de hacerlo retroceder, gritando: "Perderás tu vida y la vida de los que están contigo si vas entre tales salvajes". 'Morimos antes de venir aquí'". 1

Cuando la mayoría de nosotros escuchamos la palabra "morir", pensamos en ello como algo negativo. En la mayoría de los casos, los funerales no son nada divertidos, ya que la familia que ha perdido a un ser querido procesa su dolor y se despide por última vez. Sin embargo, en el sentido cristiano de la palabra, "morir" es algo positivo, particularmente en relación con nuestra muerte a nuestras viejas formas de vida. Y como veremos a medida que continuemos con nuestro énfasis en Filipenses, ese tipo de muerte nos lleva a experimentar grandes cosas de Dios que nunca podríamos de otra manera.

_____

Gran idea: Morir a uno mismo siempre conducirá al poder de la resurrección.

_____

En nuestro pasaje de hoy, el apóstol Pablo expresa su anhelo de experimentar el poder de Cristo en su propia vida. Y Pablo entiende que para recibir este poder dinámico, tiene que haber un poco de muerte. Dice en el versículo 10: "Quiero conocer a Cristo, sí, conocer el poder de su resurrección y participar en sus padecimientos, haciéndome semejante a él en su muerte..." (NVI)

Observe la frase "haciéndose semejante a él en su muerte". La muerte no es algo por lo que ninguno de nosotros quiera pasar, pero sin la muerte, no podríamos experimentar el poder de la resurrección. En el huerto de Getsemaní, justo antes de su crucifixión, Jesús le rogó al Padre que le quitara la copa y que evitara el sufrimiento que estaba a punto de soportar (Mateo 26:36-46), pero al final eligió ir a la cruz y morir. Y debido a que lo hizo, ¡ahora somos libres, perdonados y se nos promete un hogar eterno! De la misma manera, morir a nuestros viejos hábitos y patrones de comportamiento puede ser doloroso y algo que preferimos evitar. Pero, por otro lado, esa incomodidad es una bendición mayor de lo que nos damos cuenta.

Perspicacia: Si queremos experimentar plenamente el mismo poder que resucitó a Cristo de entre los muertos, debemos crucificar nuestros caminos y deseos pecaminosos y someternos al Espíritu Santo.

Observe cómo el versículo 10 está hablando sobre el poder de la resurrección en tiempo presente, en el aquí y ahora, pero el versículo 11 se enfoca en este poder para el futuro. El versículo 11 dice: "... y así, de alguna manera, alcanzar la resurrección de entre los muertos". (NVI)

Un día resucitaremos físicamente, como nuevas criaturas con cuerpos completamente glorificados en un mundo completamente nuevo, libres de la presencia del pecado y el quebrantamiento, y en la presencia literal de Dios mismo. Podemos experimentar el poder y la victoria hoy, y un día lo experimentaremos en su plenitud en la vida venidera.

Si vamos a experimentar el gran poder de Dios hoy, debemos aprender a morir a nosotros mismos y vivir para Cristo. Porque nada es más valioso que conocerlo.

Desafío: ¿En qué áreas necesito experimentar el poder de la resurrección hoy? ¿Cuáles son algunas de las viejas formas en que necesito morir?

Orar: Pidiéndole a Dios que me dé su poder hoy, y que me ayude a morir a mis viejas costumbres...

Profundizando:

En nuestro pasaje, Pablo quiere morir a sí mismo no solo para experimentar el poder de la resurrección, sino también porque deseaba "conocer a Cristo" (v. 10; NVI). ¿Qué significaba para Pablo "conocer a Cristo" al morir a sus viejas costumbres? En la Biblia de Estudio de la Reforma ESV, podemos comenzar a ver el pensamiento de Pablo detrás de esta frase. Y comprender esta verdad puede motivarnos a buscar un nivel más profundo de cercanía e intimidad con Dios:

"Este es el anhelo más apasionado de Pablo (1:20-23); habla no sólo de una mayor conciencia mental, sino de una unión personal más profunda. Lo siguiente... las cláusulas explican cómo se experimenta actualmente conocer a Cristo... Para Pablo, la identificación con Cristo crucificado y resucitado es fundamental para la vida cristiana. En otra parte (2 Corintios 4:7, 10, 11), Pablo enseña que es a través de la participación en los sufrimientos de Cristo que el poder de la resurrección de Cristo se manifiesta en la vida del cristiano. Esta identificación con los sufrimientos de Cristo no es exclusivamente en el martirio (2:17) sino para toda la vida". **2**

Devoción escrita por el pastor Frank y Samuel Gervasi

---

1. Una ilustración consultada en https://sermoncentral.com/sermon-illustrations/101661/we-died-before-we-came-here-by-dr-larry-petton, el 23/03/2025.

2. Biblia de estudio de la Reforma ESV, Copyright © 2008 por P&R Publishing, Biblegateway Plus, consultado el 23/03/2025.

3. Introducción / cierre musical, Praise Adonai, Integrity Music, Paul Baloche, 2009.

Filipenses-Gozo en Acción Devocional

Filipenses-Gozo en Acción Devocional

#21 - Perfectamente Imperfecto
Leer: *Filipenses 3:12-16*

---

*"Ciertamente no hay hombre justo en la tierra que haga el bien y nunca peque". **Eclesiastés 7:20***

Una vez escuché una historia sobre un niño pequeño y su padre, que estaban sentados en la iglesia cuando el niño "... le preguntó: 'Papá, ¿qué es un cristiano?' El papá pensó por un momento, porque quería dar una buena respuesta a una pregunta tan importante. Finalmente, dijo: "Un cristiano es una persona que ama y obedece a Dios. Ama a sus amigos, a sus vecinos e incluso a sus enemigos. Es amable y gentil y reza mucho. Espera ir al cielo y piensa que conocer a Dios es mejor que cualquier cosa en esta tierra. Ese, hijo, es cristiano. El niño se sentó en silencio por un minuto, y luego dijo: 'Papá, ¿alguna vez he visto a un cristiano?'". 1

A pesar de lo que la gente pueda pensar, y de cómo las cosas puedan parecer a los de afuera, no hay nadie que haya llegado a la cima del crecimiento cristiano. Todos somos defectuosos e imperfectos hasta el día en que morimos. Como veremos en nuestra devoción de hoy, ser honestos con nosotros mismos acerca de dónde estamos en nuestro caminar con Cristo es lo que nos ayudará a crecer en nuestra fe.

Gran idea: Un creyente maduro es realista acerca de su progreso espiritual.

En devocionales anteriores, hemos visto a Pablo hablar de cosas como morir a nuestras viejas costumbres y no confiar en la carne. Y, sin embargo, parece

Filipenses-Gozo en Acción Devocional

reconocer su propia falta de completitud en ambas áreas en el versículo 12, cuando dice: "No es que ya haya alcanzado todo esto, o que haya llegado a mi meta..." (NVI)

Lo que hace que esta confesión por parte de Pablo sea tan interesante es que si pensáramos en alguien digno del título de "cristiano perfecto", Pablo podría ser el primer candidato para algunos de nosotros. Sin embargo, fuera de Cristo Jesús mismo, no hay ningún ser humano actualmente en la tierra o en las páginas de la historia que pueda reclamar tal título.

Perspicacia: Ninguno de nosotros estará exento de defectos o fracasos, por lo que podemos ser honestos con nosotros mismos, lo que conducirá al mayor crecimiento espiritual.

Comprender que nunca seremos perfectos es un paso crucial para los creyentes. Porque cuando aceptamos estas limitaciones humanas naturales, nos ayuda a vivir de manera saludable. Los versículos 15 y 16 dicen: "Todos los que son maduros deben tener ese punto de vista de las cosas. Y si en algún punto piensas diferente, eso también te lo aclarará. Solo vivamos a la altura de lo que ya hemos alcanzado". (NVI)

Observe que son los imperfectos los que se describen como "maduros". Esta palabra lleva la idea de "llevado a su fin y consumado". **2** No podemos llegar a este punto si no podemos aceptar nuestra propia imperfección.

Finalmente, debemos entender que este versículo no está diciendo que los cristianos maduros no quieran mejorar. Pero un creyente maduro entiende que no será completamente completo hasta que Cristo salga del cielo. Es realista acerca de su progreso espiritual, por lo que crece más.

A medida que avanzamos en nuestro día de hoy, esforcémonos por mantenernos en el estándar adecuado y vernos a nosotros mismos correctamente.

Desafío: ¿Cómo me veo a mí mismo en mi crecimiento espiritual? ¿Soy realista acerca de mi progreso espiritual?

Orar: Pedirle a Dios que me ayude a ser honesto conmigo mismo y crecer en mi caminar con Él...

_____

Profundizando:

¿Qué significa para los creyentes "tener tal punto de vista de las cosas" en el versículo 15? En la Biblia de Estudio Evangélica de la NKJV, se expone esta mentalidad que se espera que tengan los creyentes maduros:

"Tener esta mente significa literalmente 'piensa así'. Aquellos que son creyentes maduros reconocen que no son perfectos y que no han cumplido con las expectativas de Dios. Sin embargo, siguen adelante incansablemente en su viaje espiritual, procurando llegar a ser más como Cristo en cada faceta de su vida (véanse los vers. 13–14). Los creyentes maduros son aquellos que admiten que no son perfectos (es decir, completamente maduros) pero siguen adelante hacia esa meta". 3

_____

Devoción escrita por el pastor Frank y Samuel Gervasi

_____

1. Una ilustración consultada en https://pastorlife.com/raising-them-right/, el 4/07/2025.

2. Biblia interlineal. Consultado en https://www.biblestudytools.com/lexicons/greek/kjv/teleios.html, el 4/07/2025.

3. Biblia de estudio evangélica NKJV, Copyright © 2023 por Thomas Nelson. BibleGateway Plus, consultado el 04/07/2025.

4. Introducción / cierre musical, Praise Adonai, Integrity Music, Paul Baloche, 2009.

#22 - Seguidores Comprometidos
Leer: *Filipenses 3:15-18*

"Únanse para seguir mi ejemplo". **Filipenses 3:17a, NVI**

Una vez escuché una historia sobre "un granjero que agarró su escopeta para disparar a una bandada de cuervos molestos. Estos cuervos seguían molestando a los otros animales salvajes de la granja. Siempre se estaban comiendo su cosecha de maíz y eran una verdadera molestia. Desafortunadamente, después de disparar, no vio a su sociable loro mascota que se había unido a los cuervos. Después de disparar algunos tiros, caminó hacia los pájaros caídos y se sorprendió al encontrar a su loro muy alborotado con un ala rota. Para empeorar las cosas, sus hijos también lo vieron. Preguntaron: 'Papá, ¿qué pasó?' El granjero simplemente respondió: 'Mala compañía, supongo'". **1**

A pesar de lo que la gente pueda pensar, nos afecta la gente que nos rodea. Por lo tanto, se necesita sabiduría para elegir alrededor de quién invertimos nuestro tiempo. Elegimos sabiamente porque queremos crecer y caminar en fe.

Gran idea: Debemos vivir de manera adecuada, como los cristianos antes que nosotros.

En devocionales anteriores, hemos visto a Pablo hablar de muchas cosas como morir a nuestras viejas costumbres y no confiar en la carne, e incluso el devocional anterior que se centró en un creyente que se esfuerza por alcanzar la madurez. Sin embargo, parece pintar la imagen de seguir a otros cristianos antes que nosotros en el versículo 17, cuando dice: "Únanse para seguir mi ejemplo... y tal como nos tienes modelo". (NVI)

Es decir, que debemos conducirnos viviendo los buenos ejemplos que Dios nos pone en el camino. Ahora, para aclarar, no está diciendo que estaremos cerca de ejemplos malos o menos que ideales, sino que seguimos a propósito el ejemplo de los efectivos.

Refuerza aún más esa idea en la segunda parte del versículo 17 cuando dice: "Mantén tus ojos en los que viven como nosotros". (NVI). Por lo tanto, muestra una intencionalidad en la observación de los ejemplos correctos de personas que vivían correctamente.

Perspicacia: Debemos vivir de manera adecuada como los que nos precedieron, siendo selectivos, decisivos, emulando sus vidas.

Independientemente de lo que podamos pensar, estamos influenciados por las personas con las que pasamos la mayor parte de nuestro tiempo. Podemos comenzar a actuar y hablar como ellos sin siquiera darnos cuenta. Por lo tanto, tiene sentido elegir y actuar sobre esos buenos ejemplos.

De hecho, solía escuchar a una persona decirlo así: "Quédate con los ganadores". Para ser honesto, solía escuchar eso y pensar que sonaba orgulloso. Sin embargo, he llegado a ver eso como una declaración sabia que significa que debemos ser selectivos en cuanto a quién elegimos estar.

A medida que avanzamos en nuestro día y semana, esforcémonos por mantenernos en el estándar adecuado, ver la vida de los demás y actuar correctamente.

Desafío: ¿Estamos siendo orgullosos y selectivos por las razones correctas o incorrectas? ¿Estamos siguiendo los buenos ejemplos que tenemos ante nosotros? ¿Estamos actuando sobre lo que vemos?

Orar: Pedirle a Dios que me ayude a ser honesto conmigo mismo y crecer en mi caminar con Él...

Profundizando:

¿Quiénes son las personas a las que debemos seguir en la vida? Comentando los versículos 15-19 en la Biblia de Estudio de la Gracia y la Verdad, muestre cómo podemos vivir la Vida Cristiana:

"Crecemos observando e imitando buenos ejemplos. Pablo muestra a los cristianos cómo enfrentar el sufrimiento explicando su propia reacción ante las cadenas, los rivales y la perspectiva de la ejecución (1:12-26). Los insta a preferir las necesidades de los demás a las suyas propias invocando el servicio desinteresado de Cristo, Timoteo, Epafrodito y él mismo (1:27-2:30). Los protege del legalismo al narrar su propia conversión de la confianza en la carne para deleitarse en la justicia y el valor de Cristo (3:2-11). Ahora los llama a imitar su búsqueda incesante de la madurez cristiana. Pablo les señala el ejemplo de aquellos que comparten su mentalidad y su vida, es decir, su patrón de comportamiento". 2

Devoción escrita por el pastor Frank y Samuel Gervasi

---

1. Una ilustración a la que accedió PFG, sermón, consultado el 4/07/2025.

2. Biblia de estudio Gracia y verdad, Copyright © 2021 por Zondervan. BibleGateway Plus, consultado el 04/013/2025.

4. Introducción / cierre musical, Praise Adonai, Integrity Music, Paul Baloche, 2009.

#23 - Vida Ciudadana
Leer: *Filipenses 3:20-21*

"Por lo tanto, no nos desanimamos. Aunque exteriormente nos estamos consumiendo, interiormente nos estamos renovando día a día. Porque nuestros problemas ligeros y momentáneos nos están logrando una gloria eterna que supera con creces a todos ellos".

2 Corintios 4:16-17, NVI

"En 1973, un caballo llamado Secretariat se convirtió en una leyenda en su época. La Secretaría no solo ganó la Triple Corona de Carreras de Pura Sangre, sino que lo hizo con una actuación sin precedentes. En el Belmont Stakes, no solo ganó la carrera por 31 cuerpos, sino que estableció nuevos récords en el camino a medida que avanzaba más rápido con cada fase de la carrera. Durante una milla y media, ese famoso pura sangre corrió más rápido cada segundo. Secretariat estaba acelerando a un ritmo tan increíble que su entrenador notó que si la carrera se hubiera extendido a otra vuelta, su corazón literalmente habría explotado. Siempre es tentador establecerse en el statu quo, pero la mayor alegría se encuentra en esforzarse no solo para terminar, sino para terminar bien..." 1

De la misma manera que la Secretaría cobró impulso cuanto más tiempo se prolongó, debemos seguir presionando hasta el final. Y como veremos en Filipenses hoy, nuestro destino eterno debe darnos la esperanza y el aliento que necesitamos para terminar con fuerza y coraje.

Gran idea: Debemos avanzar con diligencia hacia el premio que tenemos esperando en nuestro hogar eterno.

Filipenses-Gozo en Acción Devocional

———————————

En devocionales anteriores, hemos hablado extensamente sobre vivir de manera diferente al mundo, confiar en el poder de Dios y seguir los pasos obedientes de quienes nos precedieron. Pero hacer estas cosas puede ser agotador y agotador, y es fácil perder fuerza cuanto más tiempo avanzamos en la vida. Sin embargo, en el versículo 20, Pablo dirige nuestra atención a una verdad impulsora y motivadora que debería llevarnos: la promesa del cielo: "Pero nuestra ciudadanía está en los cielos. Y esperamos ansiosamente un Salvador de allí, el Señor Jesucristo..." (NVI)

Nuestra ciudadanía se destaca en marcado contraste con los versículos anteriores, que describen a los enemigos de la cruz, aquellos cuyas mentes están "puestas en las cosas terrenales" (v. 19). El cristiano aparta su mente de estas cosas, debido a la esperanza que recibió de la promesa del cielo.

———————————

Perspicacia: Independientemente de la cantidad de tiempo involucrada, debemos perseverar en la piedad y esperar expectante nuestra recompensa venidera.

———————————

Con respecto a esta promesa para el futuro, el apóstol Pablo incluso nos da el cómo y el por qué. El por qué es más fácil: porque ese futuro depende de Dios. El versículo 21 dice: "... quien, por el poder que le permite poner todo bajo su control, transformará nuestros cuerpos humildes para que sean como su cuerpo glorioso". (NVI)

Sin embargo, el cómo requiere algo más de nosotros. ¡Requiere un enfoque bueno y adecuado! Lo cual puede ser difícil de mantener, especialmente en temporadas duras y difíciles. Pero si nuestros ojos están puestos en la promesa en lugar del problema, encontraremos fuerza para seguir adelante.

Charles Stanley lo dice así: "Cuando muramos, estaremos inmediatamente en la presencia de Dios Todopoderoso. Como creyentes, ya no recordaremos las luchas y tristezas de esta vida porque nuestras mentes y cuerpos estarán absolutamente purificados en Su presencia... todo será diferente, porque seremos santos y glorificados ante el Señor". [2]

Elijamos poner nuestras mentes en esta promesa hoy, y esperar ansiosamente el cumplimiento de esa promesa. Porque si esa promesa es cierta, entonces podemos correr con confianza y poder para terminar la carrera.

Desafío: ¿Estoy avanzando con todo lo que debo ganar el premio, o mi ritmo se ha vuelto más lento? ¿Cómo puedo meditar en esa promesa a lo largo de mi día?

Orar: Pedirle a Dios que nos ayude a perseverar en nuestra fe, recordando las promesas que Él dio y el maravilloso lugar que Él ha preparado...

Profundizando:

La iglesia de Filipos estaba bien familiarizada con el concepto de ciudadanía: los residentes de Filipos heredaron la ciudadanía romana desde su nacimiento, se les otorgaron privilegios especiales del estado. Quizás por eso Pablo se refirió a ellos como "ciudadanos del cielo" (v. 20). La Biblia de Estudio de Teología Bíblica NVI dice esto con respecto a Filipenses 3:20:

"Aquí hay un contraste explícito entre 'nosotros', cristianos cuya ciudadanía está en el cielo, y aquellos cuyas mentes están 'puestas en las cosas terrenales' (v. 19). También hay un contraste implícito con la ciudadanía romana de la que disfrutaban los filipenses: fueron injertados en una antigua línea familiar romana que se celebra en varias inscripciones del siglo I de la ciudad, y recibieron una serie de privilegios fiscales. Como un asunto meramente terrenal, no pueden poner su confianza en la ciudadanía romana (cf. v. 3; ver Hch 16:37), ya que son ciudadanos del cielo. esperamos ansiosamente. Los cristianos anticipan el regreso de Cristo y la resurrección corporal (Rom 8:23)". 3

Devoción escrita por el pastor Frank y Samuel Gervasi

---

1. Una ilustración consultada en https://ministry127.com/resources/illustration/finish-well, el 20/4/2025.

2. Cita de Charles F. Stanley, NASB, La Biblia de los Principios de la Vida de Charles F. Stanley: Santa Biblia, Nueva Biblia Estándar Americana, consultado en https://www.goodreads.com/author/quotes/39628.Charles_F_Stanley#:~:text=When%20we%20die%2C%20we%20will,absolutely%20purified%20in%20His%20presence., el 20/4/2025.

2. Biblia de estudio de teología bíblica NIV, Copyright © 2019 por Zondervan. BibleGateway Plus, consultado el 20/04/2025.

4. Introducción / cierre musical, Praise Adonai, Integrity Music, Paul Baloche, 2009.

Filipenses-Gozo en Acción Devocional

#24 - Alegría Arraigada
Leer: *Filipenses 4:4-7*

"Únanse para seguir mi ejemplo". **Filipenses 3:17a, NVI**

Una vez escuché una historia sobre "un granjero que agarró su escopeta para disparar a una bandada de cuervos molestos. Estos cuervos seguían molestando a los otros animales salvajes de la granja. Siempre se estaban comiendo su cosecha de maíz y eran una verdadera molestia. Desafortunadamente, después de disparar, no vio a su sociable loro mascota que se había unido a los cuervos. Después de disparar algunos tiros, caminó hacia los pájaros caídos y se sorprendió al encontrar a su loro muy alborotado con un ala rota. Para empeorar las cosas, sus hijos también lo vieron. Preguntaron: 'Papá, ¿qué pasó?' El granjero simplemente respondió: 'Mala compañía, supongo'".

A pesar de lo que la gente pueda pensar, nos afecta la gente que nos rodea. Por lo tanto, se necesita sabiduría para elegir alrededor de quién invertimos nuestro tiempo. Elegimos sabiamente porque queremos crecer y caminar en fe.

Gran idea: El gozo debe estar arraigado y cimentado en Cristo.

En la devoción de hoy, el Apóstol amplía el concepto de alegría al mostrarnos algunas de las razones por las que una persona puede estar alegre. Sin embargo, parece pintar la imagen de dónde está arraigada y arraigada nuestra alegría. Si miramos en el versículo 4, dice: "Regocíjense siempre en el Señor. Lo diré de nuevo: ¡Alégrate!" (NVI)

Hay un par de cosas importantes que deben notarse en ese versículo. Primero, el gozo se basa en Cristo. La declaración, "En el Señor" está haciendo esa distinción. En segundo lugar, sin embargo, observe que fue una orden dada en un estado de ánimo imperativo. Algunas de las primeras traducciones y manuscritos no incluían puntuación. Sin embargo, cuando los comités se reunieron para facilitar la lectura de algunas traducciones más nuevas, se agregó. Es por eso que algunos traductores ponen un signo de exclamación. Lo cual fue importante porque la alegría es muy importante para la vida. Además, otra cosa a señalar es que estaba reiterando que los creyentes "deben regocijarse".

Perspicacia: La alegría debe estar arraigada y cimentada en Cristo porque de lo contrario no durará...

Nuestra cultura a menudo confunde la alegría con la felicidad. En consecuencia, también estamos influenciados por esta mentalidad común si no tenemos cuidado. El gozo es duradero, estable y arraigado porque no se coloca en circunstancias superficiales. De hecho, Joy no depende en absoluto de las circunstancias.

Mira, la felicidad se debe a cosas como que obtuvimos un aumento en el trabajo. Sin embargo, se convierte en tristeza cuando nos damos cuenta de que la empresa nos exige más. La felicidad es el día de pago está aquí, pero se va a medida que se acaba el dinero. El gozo es: "Y mi Dios suplirá todas vuestras necesidades conforme a las riquezas de su gloria en Cristo Jesús". (Filipenses 4:19).

La alegría siempre durará más que la felicidad circunstancial. Porque la alegría está arraigada y colocada en Dios y en sus habilidades para proveer todo lo que necesitamos en la vida.

Charles Spurgeon dijo esto sobre el gozo: "No creo que la iglesia se regocije lo suficiente. Todos nos quejamos lo suficiente y gemimos lo suficiente: pero muy pocos de nosotros nos regocijamos lo suficiente". [1]

Seamos conocidos por regocijarnos en Cristo y agradezcamos a Dios por Su Amor y provisión hoy en la vida hoy.

Desafío: ¿Estamos arraigando y cimentando nuestro gozo en Cristo o lo estamos intentando en otro lugar? ¿Cuál es nuestra mentalidad? ¿Baso mi carácter en las circunstancias o en Dios?

Orar: Pedirle a Dios que me ayude a estar alegre en todas las cosas debido a nuestra fe en Él...

Profundizando:

Comentando los versículos 4-6, la Biblia de Estudio de la Gracia y la Verdad de la NVI, amplía la diferencia entre la felicidad y el gozo cuando dice:

"Pablo comienza a cerrar la carta con una serie de instrucciones, elogiando el gozo (nuevamente), la mansedumbre, la oración y un enfoque en lo que es bueno y hermoso, y prometiendo la paz y la presencia de Dios. Una vez más, ubica la fuente del gozo constante como el Señor, no las circunstancias, que fluctúan ampliamente (vv. 11-13; Hab 3:17-18)". **2**

Devoción escrita por el pastor Frank y Samuel Gervasi

---

1. Spurgeon Quotes, https://www.spurgeon.org/resource-library/blog-entries/12-spurgeon-quotes-on-joy/, consultado el 27/04/2025.

2. Biblia de estudio NIV Gracia y verdad, Copyright © 2021 por Zondervan. BibleGateway Plus, consultado el 04/027/2025.

3. Introducción / cierre musical, Praise Adonai, Integrity Music, Paul Baloche, 2009.

1

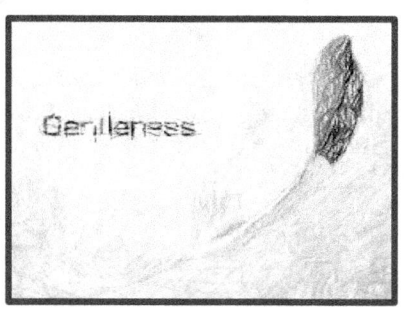

#25 - Un Testigo Gentil
Leer: *Filipenses 4:4-5*

"Sé completamente humilde y gentil; sean pacientes, soportándose unos a otros en amor". Efesios 4:2, NVI

Una vez escuché una historia sobre un hombre que compró una pecera para sus hijos, y una serie de eventos desafortunados que siguieron: "En el carnaval de su escuela, nuestros hijos ganaron cuatro peces de colores gratis... así que salí el sábado por la mañana a buscar un acuario. Los primeros a los que fijé el precio oscilaron entre $ 40 y $ 70. Luego lo vi, justo en el pasillo: un tanque de exhibición desechado de 10 galones, completo con grava y filtro, por solo cinco dólares. ¡Vendido! Por supuesto, estaba sucio y desagradable, pero los ahorros hicieron que las dos horas de limpieza fueran muy sencillas. Esos cuatro nuevos peces se veían muy bien en su nuevo hogar, al menos durante el primer día. Pero el domingo uno había muerto... El lunes por la mañana reveló una segunda víctima, y el lunes por la noche un tercer pez dorado se había hundido. Llamamos a un experto, un miembro de nuestra iglesia que [tenía] un tanque de 30 galones. No tardó mucho en descubrir el problema: había lavado el tanque con jabón, un absoluto no-no". La dureza del residuo que dejaba el jabón había matado a los habitantes del acuario. "Mis esfuerzos desinformados habían destruido las mismas vidas que estaba tratando de proteger". 1

La falta de gentileza puede ser dañina para quienes nos rodean, como el jabón lo fue para los peces de colores. Pero, por otro lado, una vida caracterizada por una abundancia de mansedumbre puede decir más sobre el impacto que Jesús tiene en nosotros que nuestras palabras. Como veremos en nuestra devoción de hoy, la alegría que recibimos al conocer y seguir a Jesús debe ser el catalizador que nos impulse a buscar un corazón amable.

Gran idea: Una vida de mansedumbre muestra a los demás el gozo que tenemos en Cristo.

En nuestro pasaje de hoy, el apóstol Pablo relata el regocijo implacable en el Señor con esta actitud de mansedumbre, diciendo en el versículo 5: "Que vuestra mansedumbre sea manifiesta a todos; el Señor está cerca". (NVI)

Algunas versiones reemplazan la palabra "mansedumbre" con "un espíritu amable" (NASB), "moderación" (KJV) o "Deja que los demás vean que eres considerado ..." (NTV) La palabra original lleva consigo todas estas ideas. Significa "adecuado, equitativo, suave, justo y gentil". **2**

¿Qué tienen que ver todas estas palabras y definiciones con la alegría? El punto es este: una persona alegre que está llena de emoción y gratitud, probablemente encarnará esa alegría a través de un espíritu gentil en sus interacciones con los demás. Aquel que camina en el Espíritu y experimenta el verdadero gozo lo ejemplifica a través de una vida amable.

Perspicacia: La alegría puede ser vista por los demás en la forma en que vivimos, así que esforcémonos por encarnar un corazón amable.

Considere el hecho de que sería difícil para una persona llenarse con el tipo de emoción y alegría que hemos discutido a lo largo de la totalidad de Filipenses sin mostrarlo. La alegría es una emoción que es expresiva y debe aparecer externamente para quienes nos rodean.

Finalmente, observe la segunda parte del versículo, que da una razón más por la que un cristiano debe estar agradecido. El versículo 5 dice: "El Señor está cerca". (NVI)

Filipenses-Gozo en Acción Devocional

El hecho de que Jesús regrese tanto física como visiblemente, y que venga pronto, debería llenarnos de tanta alegría y agradecimiento, ¡que se desborda en la forma en que interactuamos con los demás! Elijamos encarnar la mansedumbre hoy, para mostrar a un mundo que observa el gozo que tenemos de ser llamados hijos de Dios.

Desafío: ¿En qué áreas necesito encarnar la dulzura hoy? ¿Cómo puedo mostrar a los demás el gozo que Dios me da?

Orar: Pedirle a Dios que me ayude a buscar un espíritu amable hoy...

Profundizando:

¿Qué significa que "el Señor está cerca"? En la Biblia de Estudio del Caso de Cristo de la NVI, Lee Strobel dice esto con respecto al regreso de Jesús:

"El próximo gran evento en el calendario profético de Dios es el regreso de Cristo. Todo el período desde la primera venida de Cristo hasta la consumación del reino se considera en el Nuevo Testamento como el último tiempo (ver 1Jn 2:18 y nota). Desde el punto de vista de Dios, "mil años son como un día" (2 Pedro 3:8; ver nota allí). Por lo tanto, hay un sentido en el que, para cada generación, la venida del Señor está cerca". **3**

Devoción escrita por el pastor Frank y Samuel Gervasi

---

1. Una ilustración consultada en https://www.sermonillustrations.com/a-z/g/gentleness.htm, el 5/4/2025.

2. Epieikes, Biblia interlineal. https://www.biblestudytools.com/lexicons/greek/nas/epieikes.html, consultado el 5/05/2025.

3. Biblia de estudio NIV Case for Christ, Copyright © 2009 por Lee Strobel. Todos los derechos reservados. BibleGateway Plus, consultado el 5/05/2025.

4. Introducción / cierre musical, Praise Adonai, Integrity Music, Paul Baloche, 2009.

Filipenses-Gozo en Acción Devocional

#26 - Alegría en la Práctica
Leer: *Filipenses 4:6-7*

"Los pobres comerán y se saciarán. Todos los que buscan al Señor lo alabarán. Sus corazones se regocijarán con gozo eterno". **Salmo 22:26, NTV**

Una vez escuché una historia sobre George Mueller, y se dijo que confiaba agradecido en la oración. La historia dice: "Una de las principales obras de su vida fue el establecimiento de un gran orfanato en Bristol, Inglaterra. En 64 años desde el comienzo de este trabajo, el Sr. Mueller cuidó a 10,024 huérfanos, estableció escuelas de 7 días a las que asistieron 81,501 niños; fundó 12 escuelas dominicales que instruyeron a un total de 32.944 niños: y ayudó a 25 escuelas dominicales en Inglaterra y Gales. Contribuyó con grandes sumas de dinero a la obra misionera en el extranjero, distribuyó 1.989.266 Biblias y partes de ellas, hizo circular 3.101.338 libros y tratados, y viajó por 42 países predicando el Evangelio a 3.000.000 de oyentes. En total, recibió de Dios y le devolvió $7,500,000; en ningún momento pidiéndole a nadie ni siquiera un centavo.

Era un hombre que sabía por experiencia lo que es para Dios 'darnos hoy nuestro pan de cada día'. Comentó: "Desde agosto de 1838 hasta abril de 1849, tuvimos que acudir día a día, casi sin interrupción, para nuestros suministros diarios y, durante gran parte del tiempo, de comida en comida". Los materiales no fueron las únicas cosas que este hombre de Dios recibió en la oración contestada. Hizo esta declaración: 'Miles de almas se han salvado en respuesta a mis oraciones'". 1

La alegría se pone en acción mediante la oración. Por lo tanto, tiene sentido orar por todo, todo el tiempo. Para el cristiano, los pies reales de nuestra fe se ven de una manera por cuánto oramos.

Filipenses-Gozo en Acción Devocional

Gran idea: El gozo se pone en práctica, por la vida de oración de una persona.

A medida que avanzamos hacia el tramo final del énfasis de la devoción en Filipenses, vemos el gozo en acción. Específicamente, a través de cómo y cuándo una persona ora. Lo que significa que una persona alegre ha desarrollado el hábito de cuando surge algo, lo presenta ante Dios hablando con Él al respecto. No aferrarse a él y luego pensar y enconarse en ello, sino que inmediatamente se encuentran ante el Trono.

Mira el versículo 5: "No os inquietéis por nada, sino presentad vuestras peticiones a Dios en toda situación con oración y súplica, con acción de gracias". NIV

Teniendo en cuenta esto, incluso las personas alegres tienen reveses en la vida, ¿no es así? Básicamente, no son inmunes a los problemas. Sin embargo, la diferencia puede estar en la respuesta. Porque una persona entra en morada y se pudre, pero la otra va a Dios y lo deja en Sus manos.

Por el contrario, la persona poco alegre permite que las circunstancias afecten su actitud de manera negativa. Pero la persona alegre se lo da a Dios y vuelve a ser positiva sobre la vida. La persona sin alegría permite que la ansiedad se apodere de sus pensamientos y controle sus pensamientos, pero la persona alegre aprende a llevar cada petición y petición a Dios.

Perspicacia: La vida de oración de una persona alegre será extensa y estará llena de varias oraciones con gratitud.

Es decir, que no solo se pone en práctica mediante la oración regular, sino que se muestra en los diferentes tipos de oraciones que se ofrecen a Dios. Si miramos la segunda parte del versículo 5, el Apóstol muestra un par de caminos. Porque "Por oración" la NVI implica las peticiones más largas, regulares y estructuradas, como las que podemos poner en una lista de oración para mantenernos enfocados.

Sin embargo, las "Peticiones" dan una imagen de las cosas diarias que vienen a la mente a lo largo del día por el Espíritu Santo. Un ejemplo podría ser que vemos a una persona y tenemos un pensamiento porque nos recuerda a alguien que conocemos. Entonces, usamos eso como una oportunidad para orar por esa persona rápidamente a medida que avanzamos.

Finalmente, el otro ingrediente que el apóstol Pablo nos da para poner en práctica la oración es la frase "con acción de gracias". El individuo alegre comprende la importancia de una actitud agradecida. Por lo tanto, él o ella se asegura de que nos acerquemos a Dios con gratitud cuando oramos.

Mira, uno confía en sí mismo y en sus habilidades, pero el otro está arraigado en la fe en las habilidades de Dios.

David Jeremiah lo dice así: "No importa cuáles sean nuestras circunstancias, podemos encontrar una razón para estar agradecidos". 2 Con Dios al frente de nuestra mente y de nuestra vida, podemos regocijarnos y estar agradecidos por muchas cosas.

––––––––––––

Desafío: ¿Estamos practicando nuestro gozo a través de la oración o no? ¿Cómo es nuestra vida de oración? ¿Baso mis peticiones y peticiones en las circunstancias o en la bondad de Dios?

Orar: Pedirle a Dios que nos ayude a poner la alegría en acción a través de la oración, independientemente de nuestras circunstancias individuales...

––––––––––––

Profundizando:

Al comentar, la Biblia de Estudio de la Gracia y la Verdad de la NVI, amplía las razones por las que los filipenses, y nosotros, podríamos orar con gratitud cuando dice:

"Pablo apoya sus exhortaciones a la oración agradecida y al pensamiento en las cosas piadosas con promesas de protección contra la ansiedad por la paz de Dios (v. 7) y la presencia del Dios de paz (v. 9). El sufrimiento de los filipenses a manos de los oponentes locales, cualquiera que fuera la forma que tomara, así como sus preocupaciones por los males de Pablo y Epafrodito, les dieron motivos para preocuparse. Pero, como Jesús nos asegura, tales problemas nunca están fuera del control del Dios soberano, que es nuestro Padre amoroso (Mt 6:25-34). El antídoto contra la ansiedad es la oración, presentando a Dios nuestras peticiones

con respecto a todo tipo de preocupación, mientras le agradecemos genuinamente por su provisión constante y generosa (Col 3:15-17). **3**

———————————

Devoción escrita por el pastor Frank y Samuel Gervasi

———————————

1. Ministerio 127, https://ministry127.com/resources/illustration/the-joy-of-the-lord-is-better-than-the-pleasures-of-sin, consultado el 28/04/2025.

2. 30 citas cristianas favoritas sobre el agradecimiento, https://www.crosswalk.com/faith/spiritual-life/30-christian-quotes-about-thankfulness.html, consultado el 5/10/2025.

3. Biblia de estudio NIV Gracia y verdad, Copyright © 2021 por Zondervan. BibleGateway Plus, consultado el 05/010/2025.

4. Introducción / cierre musical, Praise Adonai, Integrity Music, Paul Baloche, 2009.

#27 - Paz Trascendente
Leer: *Filipenses 4:6-7*

"Y gobierne en vuestros corazones la paz de Cristo, a la cual fuisteis llamados en un solo cuerpo. Y sé agradecido". **Colosenses 3:15**

"Durante la guerra francesa, un tren que transportaba despachos al cuartel general se vio obligado a recorrer más de sesenta millas de vías muy accidentadas y llegar a su destino en una hora. El ingeniero era el portador de los despachos, y su esposa e hijo estaban en el carruaje. A cada momento amenazaba con lanzar el tren sobre el terraplén o sobre un puente, y, mientras rodaba de un lado a otro, saltando a veces casi en el aire, pasando corriendo por las estaciones, las pocas personas que estaban dentro contenían la respiración y a menudo gritaban de terror mientras aceleraban. Había uno en ese tren que no sabía nada de sus temores y ese era el hijo del maquinista. Feliz como un pájaro, se rió en voz alta cuando se le preguntó si no tenía miedo, miró hacia arriba y respondió: 'Bueno, mi padre está en la locomotora'". **1**

La paz puede ser algo difícil de alcanzar, pero aquellos de nosotros que ponemos nuestra plena confianza en Dios y nos regocijamos en Él encontraremos que la paz sigue naturalmente. Como veremos en nuestra devoción de hoy, la paz está disponible para nosotros debido a nuestra relación con Cristo.

Gran idea: El gozo en el Señor y la oración fiel siempre traerán paz, porque hemos invertido nuestro tiempo sabiamente.

En nuestro pasaje anterior, examinamos la importancia de dedicar tiempo a orar y cómo hacerlo nos lleva a la alegría. En el pasaje de hoy, vemos cómo esta vida de oración íntima también nos da paz, como vemos en el versículo 7: "Y la paz de Dios, que sobrepasa todo entendimiento, guardará vuestros corazones y vuestros pensamientos en Cristo Jesús". (NVI)

Un cristiano que se alegra de su caminar con Dios experimentará paz. Sin embargo, debemos colocarlo allí, ¿no? Necesitamos comprometernos no solo a llevar nuestras peticiones ante Dios, sino a dejarlas al pie de Su trono, si queremos experimentar esta Paz trascendente de la que habla el pasaje.

Perspicacia: La paz será un resultado directo del aprendizaje y el desarrollo del hábito de la oración disciplinada.

Además, también es importante reconocer que la paz de Dios es diferente a la forma en que podemos pensar en la paz. La paz de Dios no es la ausencia de conflicto o desaliento, sino una actitud de confianza y coraje dada por Dios para enfrentar esas dificultades. La paz de Dios es tranquila y armoniosa, exenta de la rabia y el caos que ocurren a nuestro alrededor.

Un escritor lo dice así: "Es cierto... La paz no se encuentra en el pensamiento positivo, en la ausencia de conflictos o en los buenos sentimientos. Viene de saber que Dios tiene el control. Nuestra ciudadanía en el reino de Cristo es segura, nuestro destino está establecido y podemos tener la victoria sobre el pecado. Deja que la paz de Dios proteja tu corazón contra la ansiedad". **2**

¡Qué tipo de paz tan radicalmente diferente! Esta paz es algo que todos necesitamos y causa alegría. Disfrutar del Dios que conocemos y derramar nuestros corazones en oración ante Él producirá una paz trascendente. ¡Esforcémonos por apoderarnos de él hoy!

Desafío: ¿Cómo el gozo en Dios conduce a la paz? ¿Qué cosas necesito llevar ante Dios en oración?

Filipenses-Gozo en Acción Devocional

Orar: Pidiéndole a Dios que me dé su paz para los desafíos que enfrento por delante...

Profundizando:

¿Qué significa exactamente la "paz de Dios"? La Biblia de Estudio de Antecedentes Culturales de NRSV examina la palabra original y sus connotaciones, y dice lo siguiente:

"Los filósofos podrían hablar de la paz como tranquilidad en contraste con la ansiedad (cf. v. 6), pero la paz también podría llevar su sentido más común de armonía entre sí (cf. v. 2; véase la nota sobre 2.1-4). Guarden sus corazones. Si "guardia" tiene algo de su frecuente sentido militar, refuerza por medio de la ironía el último sentido de paz. Las oraciones por la paz (por ejemplo, Núm 6.26; Sal 122,8) cubría el pleno bienestar de uno". 3

Devoción escrita por el pastor Frank y Samuel Gervasi

---

1. Una ilustración consultada en https://ministry127.com/resources/illustration/her-father-was-at-the-engine, el 19/05/2025.

2. Autor desconocido. Cita consultada en https://www.gracechurchwaycross.com/post/sermon-for-third-sunday-in-easter-2021, el 19/05/2025.

3. Biblia de estudio de antecedentes culturales NRSV, Copyright © 2019 por Zondervan. BibleGateway Plus, consultado el 19/05/2025.

4. Introducción / cierre musical, Praise Adonai, Integrity Music, Paul Baloche, 2009.

#28 - Mantenimiento de la Alegría
Leer: *Filipenses 4:8*

"Me das a conocer el camino de la vida; me llenarás de gozo en tu presencia, de placeres eternos a tu diestra". **Salmo 16:11, NVI**

La alegría es fundamental cuando se trata de la vida y siempre ha sido un tema importante para los escritores a lo largo de los años. De hecho, Psychology Today señaló en 2009 que los libros escritos sobre el tema aumentaron significativamente. Se señaló que decían: "Los libros publicados sobre la felicidad en 2008, 4.000 libros, se publicaron sobre la felicidad, que es significativamente más que los 50 que se publicaron en 2000. Si la gente leyera la Biblia, encontraría la clave del verdadero gozo". 1 Eso sería un aumento del 7900% en las ventas de libros sobre el tema.

Confirmando lo que muchos cristianos ya saben sobre el tema. Y la alegría se mantiene fuerte y vibrante por las cosas en las que nos detenemos. Por lo tanto, tiene sentido pensar en cosas productivas que puedan ayudarnos a largo plazo.

Gran idea: La alegría se mantiene con las cosas en las que pensamos.

A medida que avanzamos hacia las últimas reflexiones en Filipenses, vemos que la alegría se solidifica a largo plazo. Específicamente, a través de cómo y en qué pasamos nuestro tiempo pensando. Lo que significa que una persona alegre ha desarrollado el hábito de hacer lo necesario para mantenerlo. Principalmente porque en este punto nos hemos dado cuenta de que Joy es productivo y beneficioso. Por lo tanto, tratamos de hacer lo que sea necesario para mantenerlo debido a su valor.

Mira el versículo 8: "Por lo demás, hermanos,.....—si algo es excelente o digno de alabanza, en tales cosas pensad..." NIV

Teniendo en cuenta esto, pasamos más tiempo pensando en muchas cosas a lo largo de nuestro día. Sin embargo, nunca pensamos realmente en cómo nuestros pensamientos pueden afectar nuestro carácter. Por lo tanto, para ser productivos y eficientes en mantener nuestra alegría, debemos ser deliberados en las cosas en las que invertimos nuestros pensamientos. Morar podría ser una palabra mejor para nuestros propósitos en esta reflexión. Porque probablemente no sean los pensamientos rápidos los que nos puedan venir a la mente, sino aquellos en los que invertimos tiempo y en los que nos detenemos.

Perspicacia: La alegría de una persona se mantendrá no solo por lo que piensa, sino también por lo que no piensa.

Mira, igualmente es importante en lo que intencionalmente evitamos pasar nuestro tiempo pensando. Porque siempre hay cosas que será mejor evitar por completo. Mirando todo el versículo 8, el apóstol Pablo enumera varias cosas diferentes cuando dice: "todo lo que es verdadero, todo lo noble, todo lo justo, todo lo puro, todo lo amable, todo lo admirable". (NVI)

Siempre pensé que esta era una declaración general sobre nuestros pensamientos. Sin embargo, en realidad está hablando de varias cosas. "Verdadero" lleva esta idea de un alto nivel de integridad. "Noble" habla de "cosas que vale la pena reverenciar". La palabra "correcto" es la misma palabra que se usa para "justicia". "Puro" se refiere a "de ser puro de carnalidad y falta". Por último, "encantador" habla de "aceptable y agradable". 2

Tony Evans lo dice así: "Una de las razones por las que no mantenemos la paz es que tendemos a detenernos en las cosas que se oponen a la paz que pedimos. Si continuamos entreteniendo mensajes que van en contra de nuestra paz, la ansiedad pronto regresará". 3 Con las cosas de Dios en primer plano en nuestra

Filipenses-Gozo en Acción Devocional

mente y en nuestra vida, podemos regocijarnos y mantener nuestro gozo por cualquier cosa que la vida nos depare.

———————————

Desafío: ¿Estamos buscando mantener nuestro gozo a través de los pensamientos o no? ¿En qué pasamos nuestro tiempo pensando? ¿Qué ocupa principalmente nuestras mentes?

Orar: Pedirle a Dios que nos ayude a mantener la alegría en acción a través de nuestra vida de pensamientos.

———————————

Profundizando:

Al comentar, las Notas de significado original de la Biblia de aplicación de la NVI, amplían la lista de virtudes cuando dice:

"La lista de virtudes en las que Pablo les pide a los filipenses que "piensen" podría haber sido adoptada por muchas personas de pensamiento correcto en la antigüedad. Esta lista les recuerda a los filipenses que, aunque la sociedad a veces parece hostil y malvada, sigue siendo parte del mundo de Dios y contiene mucho bien." 4

———————————

Devoción escrita por el pastor Frank y Samuel Gervasi

———————————

1. Ministry127, https://ministry127.com/resources/illustrations/joy, consultado el 24/05/2025.

2. Sermón de Mantener la Alegría, PFG Filipenses Serie #9, www.MidwestChristianPublishing.com, consultado el 24/05/2025.

3. Biblia de estudio CSB Tony Evans, Copyright © 2017 por Holman Bible Publishers. BibleGateway Plus, consultado el 24/05/2025.

4. Notas de significado original de la Biblia de aplicación de la NVI, notas de aplicación, copyright © 2025, BibleGatewayPlus.com, consultado el 24/05/2025

5. Introducción / cierre de música, Praise Adonai, Integrity Music, Paul Baloche, 2009.

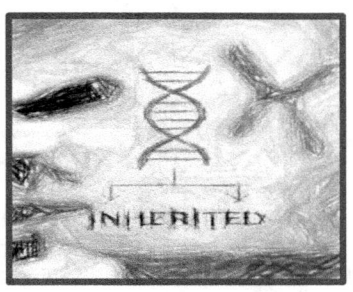

#29 - Un Ejemplo Heredado
Leer: *Filipenses 4:8-9*

"Por lo tanto, ya que estamos rodeados de una nube tan grande de testigos, despojémonos de todo lo que nos estorba y del pecado que tan fácilmente enreda. Y corramos con perseverancia la carrera que nos ha marcado.
Hebreos 12:1, NVI

Según la genética, cada persona tiene ciertos genes que le transmiten sus padres. Algunas de esas características que se transmiten vienen solo a través del padre, o solo a través de la madre. Por ejemplo, un escritor señala cómo la altura, el sexo y el almacenamiento de grasa de un niño están influenciados principalmente por los cromosomas del padre. Este escritor dice: "Cuando pensamos en la herencia, nuestras mentes a menudo saltan a los rasgos físicos transmitidos de padres a hijos. Sin embargo, la genética juega un papel fascinante en la determinación de mucho más que solo el color o la altura de los ojos. En el cautivador reino de la herencia, los padres contribuyen... varios aspectos de la vida de sus hijos, desde peculiaridades de personalidad hasta talentos innatos". [1]

Cuando decimos que una persona hereda algo, estamos diciendo que alguien le transmitió algo que le precedió, como dinero o posesiones dejadas por un ser querido, o genes que nos transmitieron nuestros padres.

De la misma manera, aquellos creyentes que nos han precedido nos han dejado un ejemplo inspirador y recto de cómo vivir de una manera que honre a Dios. Y, a medida que nos acercamos al final de nuestro viaje a través de Filipenses, veremos la importancia de seguir ese ejemplo y aplicarlo a la vida diaria.

Gran idea: La alegría se mantiene siguiendo el ejemplo sonoro visto en los demás y aplicándolo a situaciones de la vida real.

———————————

En nuestro pasaje de hoy, el apóstol Pablo anima a sus lectores a imitar los hábitos y prácticas espirituales que han visto de él. El versículo 8 dice: "Todo lo que habéis aprendido, o recibido, u oído de mí, o visto en mí, ponlo en práctica". (NVI)

¿Por qué era conocido Pablo? Antes de su conversión, era conocido como un fariseo estricto y perseguidor de la iglesia. Pero después de venir a Cristo, Pablo fue conocido por llevar apasionada y sistemáticamente el Evangelio a los gentiles. Luchó para influir en la iglesia primitiva para que aceptara que la fe era solo a través de Cristo, y que la observancia de la ley ya no era necesaria para agradar a Dios. Pablo se trataba de servir y vivir su vida para Dios, con un gozo mantenido constantemente a través de todo. Es este ejemplo que Pablo transmitió, y quería que los filipenses lo siguieran.

———————————

Perspicacia: Si queremos experimentar alegría a largo plazo, en las diferentes circunstancias de la vida, necesitamos vivir de manera sólida enseñada y demostrada por aquellos que nos precedieron.

———————————

Además, mire hacia atrás en la última parte del versículo 8: "... ponerlo en práctica". Si bien nos han dado un gran ejemplo, ¡no es útil hasta que lo ponemos en práctica! Solo saber lo correcto no mantendrá la alegría; debemos aplicarlo. Tal como leemos en Santiago 1:22-24: "Pero no solo escuchen la palabra de Dios. Debes hacer lo que dice. De lo contrario, solo se están engañando a sí mismos. Porque si escuchas la palabra y no obedeces, es como mirarte la cara en un espejo. Te ves a ti mismo, te alejas y te olvidas de cómo te ves". (NTV)

Tenemos un buen ejemplo que se nos ha transmitido sobre cómo mantener el gozo a través de una vida santa. Es nuestra responsabilidad seguir ese ejemplo y llevarlo a cabo. Y si hacemos precisamente eso, nuestro gozo puede resistir la prueba del tiempo, a través de los altibajos de este mundo.

———————————

Desafío: ¿Quién es un creyente en mi vida que me ha dejado un buen ejemplo? ¿En qué aspectos debo seguir ese ejemplo para mantener el gozo?

Ora: Agradeciendo a Dios por el ejemplo que he heredado y pidiéndole que me ayude a vivir a la altura de ese estándar...

Profundizando:

¿Qué fue lo que hizo que Pablo fuera un ejemplo tan bueno para que los filipenses lo admiraran? La Biblia de Estudio NIV Quest lo explica así:

*"Los filipenses debían manejar las cosas de la manera en que habían visto a Pablo manejar las cosas. Estaba en prisión, pero estaba alabando a Dios en lugar de preocuparse. Uno de los propósitos de la iglesia es conectar a los creyentes con otras personas con mentalidad de reino. Necesitamos apoyo y necesitamos buenos ejemplos. Cuando nos regocijamos y oramos y nos detenemos en las cosas correctas y observamos a las personas correctas, no solo tenemos la paz de Dios, tenemos al Dios de paz. Obtenemos su paz y obtenemos su presencia". **2***

Devoción escrita por el pastor Frank y Samuel Gervasi

---

1. Adaptado de una historia consultada el https://www.familyeducation.com/family-life/relationships/history-genealogy/6-traits-babies-inherit-from-their-father, el 6/02/2025.

2. Biblia de estudio NIV Quest, Copyright © 1994, 2003, 2011 por Zondervan. BibleGateway Plus, consultado el 06/02/2025.

3. Introducción / cierre musical, Praise Adonai, Integrity Music, Paul Baloche, 2009.

#30 - Beneficios de la Alegría
Leer: *Filipenses 4:9-13*

"Alabad al Señor, alma mía, y no olvidéis todos sus beneficios." **Salmo 103:2, NVI**

Se dice que: "Miles de personas cada año visitan la Mansión Winchester en San José, California. Esta enorme estructura fue construida por Sarah Winchester, la viuda del propietario de la compañía de armas. Durante treinta y ocho años, desde 1884 hasta su muerte en 1922, la casa estuvo en constante construcción. Equipos de carpinteros, albañiles y otros trabajadores fueron empleados las 24 horas del día. Se han contado varias historias sobre la razón de esta práctica inusual. La mayoría se centra en la creencia de la Sra. Winchester de que estaba embrujada o sería perseguida por los fantasmas de los asesinados por las armas de su esposo a menos que siguiera construyendo su casa. Otros afirman que pensó que no moriría mientras continuara la construcción.

Cualquiera que sea la razón, continuó ordenando más renovaciones y construcciones mientras vivió. Hay más de 10,000 ventanas en la Mansión Winchester, puertas y escaleras que conducen a paredes en blanco y unas 160 habitaciones en total. Se estima que gastó más de $ 70,000,000 en dinero de hoy en una construcción en gran parte inútil, todo en una búsqueda desesperada de paz que finalmente estaba condenada al fracaso". 1

Muchas personas buscan la paz en las circunstancias y cosas externas, tal como podría haberlo hecho Sarah Winchester. Sin embargo, Cristo es de donde viene la paz, como hemos descubierto y comprendido mirando el libro de Filipenses en estas últimas treinta devociones.

Filipenses-Gozo en Acción Devocional

Gran idea: El mantenimiento de la alegría depende de vivir en beneficio de la paz.

Al cerrar nuestros devocionales en Filipenses, vemos que el gozo se finaliza y se aplica. Específicamente, a través de lo que enfocamos nuestro tiempo aplicando y poniendo en práctica es lo que marcará la diferencia al final. Lo que significa que una persona alegre ha aprendido y desarrollado el hábito regular de pasar tiempo en la presencia de Dios. Sobre todo porque vemos los beneficios que tiene en nuestra vida. Entonces, tratamos de hacer lo que sea necesario para tener ese tiempo regular en la presencia de Dios.

Mira el versículo 9: "Y el Dios de paz estará contigo". (NVI)

Teniendo en cuenta esto, no solo está disponible la paz de Dios que trasciende el entendimiento, sino que hemos orado. También acompaña a la persona que camina en su presencia, porque lo estamos poniendo en práctica. Parece que es esa relación de causa en efecto entre aquellos que ponen en práctica todo lo que se había aprendido, recibido, escuchado o visto.

Perspicacia: El mayor beneficio es la paz que se necesita para los altibajos de la vida.

Igualmente importante es cuáles son los beneficios reales de mantener este gozo que estaba presente en el apóstol Pablo en medio de sus circunstancias. Quizás recuerden que la definición de paz era "Un estado de paz y tranquilidad nacional exento de la furia y los estragos de la guerra". Entonces, la paz de Dios es esa calma silenciosa y tranquila incluso cuando todo lo que nos rodea es una locura. Ese es un beneficio real cuando se busca estar alegre, ¿no es así?

Matthew Henry dijo: "La paz es una joya tan preciosa que daría cualquier cosa por ella..." 2 Amén a esa verdad vital. Esforcémonos por la paz que solo puede venir a través de Cristo y viviendo en Su presencia.

Filipenses-Gozo en Acción Devocional

Desafío: ¿Estamos buscando mantener nuestro gozo a través de la presencia de Cristo? ¿Cuánto tiempo pasamos en Su presencia?

Orar: Pedirle a Dios que nos ayude a mantener un tiempo regular caminando en Su presencia.

Profundizando:

Al comentar, la Biblia de Estudio de la Gracia y la Verdad de la NVI, explica su visión de la paz cuando dice:

"4:6-9 Pablo apoya sus exhortaciones a la oración agradecida y al pensamiento en las cosas piadosas con promesas de protección contra la ansiedad por la paz de Dios (v. 7) y la presencia del Dios de paz (v. 9). El sufrimiento de los filipenses a manos de los oponentes locales, cualquiera que fuera la forma que tomara, así como sus preocupaciones por los males de Pablo y Epafrodito, les dieron motivos para preocuparse. Pero, como Jesús nos asegura, tales problemas nunca están fuera del control del Dios soberano, que es nuestro Padre amoroso (Mt 6:25-34). El antídoto contra la ansiedad es la oración, presentando a Dios nuestras peticiones con respecto a todo tipo de preocupación mientras le agradecemos genuinamente por su provisión constante y generosa (Col 3:15-17). Ensayar la gracia pródiga de Dios y expresar nuestra dependencia confiada de él son medios por los cuales su paz, paz que no encuentra explicación en nuestras circunstancias, rodea nuestros frágiles corazones y mentes bajo la custodia protectora divina. El Dios de paz también nos asegura su presencia cuando enfocamos nuestros pensamientos en las virtudes que reflejan su hermosa santidad". **3**

Devoción escrita por el pastor Frank y Samuel Gervasi

---

1. Ministry127, https://ministry127.com/resources/illustration/peace-comes-from-following-christ, consultado el 06/08, 2025.

2. Citas cristianas del día, https://christianquote.com/category/peace, consultado el 06/08/2025.

3. Biblia de estudio NIV Grace and Truth, https://christianquote.com/category/peace, consultado el 06/08/2025.

4. Introducción / cierre de música, Praise Adonai, Integrity Music, Paul Baloche, 2009.